シリーズ キリスト教と科学

科学ですべて解明できるのか？

Can Science Explain Everything?
JOHN C. LENNOX

「神と科学」論争を考える

ジョン・レノックス［著］
森島泰則［訳］

いのちのことば社

Can science explain everything?

Published by The Good Book Company in partnership with:
The Oxford Centre for Christian Apologetics
The Zacharias Institute

まえがき

私が本書を書いたのは、「神と科学」論争を扱った入門書で、前著『*God's Undertaker: Has Science Buried God?*（未邦訳・神を葬るもの——科学は神を葬り去ったのか？）』よりも読みやすいものがほしい、という幅広い世代の多くの声に応えてのことである。さらに、多くの読者から求められたのは、神の存在を示す証拠や根拠に絞って論じるのではなく、キリスト教と科学の関係についてもっと取り上げてほしいということであった。この小著が、そのような要望を少しでもかなえられたら幸いである。

二〇一八年四月　オックスフォードにて

ジョン・レノックス

日本の読者のみなさまへ

本書『科学ですべて解明できるのか?』の日本語版が出版されることは、この上ない喜びであり、とりわけ光栄に思います。それにはいくつかの理由があります。まず、日本の数学者たちの貢献によって、私たちの知識が広がり、私もオックスフォード大学数学科での研究と教育を進める上で、大いにその恩恵にあずかってきました。次に、かつて研究のためドイツに滞在した際、日本から来ていた研究員たちと家族ぐるみで親交を温めたことがあります。最後に、私の所属するオックスフォード大学グリーンテンプルトン・カレッジはこの二十年間、日本の大学と強いつながりを持ち、日本人同窓会支部も設立されています。

自然科学(と数学)によって、この宇宙についての私たちの理解は深まり、特に、さまざまなものごとの仕組みが解明されてきました。しかし、科学では答えの見つからない重要な問いがあります。それは、人間は何のために存在し、存在することにどんな意味があるのかという問いです。このことを示すのが本書の目的です。

そのような問いに対して自然科学の力は及ばないのですが、理性に基づいた探求をしていけば答えられないものではないのです。そして、探求の道筋は、どのような世界観に基づくのかにかかっているのです。私は、このことを明らかにしたいと願っています。本書では、特に、神の存在を土台とする世界観と、それが現代科学の興隆に果たした役割を考えていきます。

読者の皆さんが大いに楽しんで本書を読み進めてくださることを切に願っています。

二〇二〇年八月　オックスフォードにて

ジョン・レノックス

目次

はじめに――宇宙的化学反応

　科学と宗教〔訳注・本書に出てくる「宗教（religion）」という語は、特に断らないかぎり、キリスト教が前提とされている〕というテーマで検索してみよう。たった数回クリックするだけで、紛争地域に足を踏み入れてしまったと間違いなく気づくだろう。

　コメントの一連のやり取りを見ればわかるように、生命倫理学や心理学から地質学や宇宙論まで、考えうる科学のほとんどの分野において、敵意と中傷の応酬で、この両陣営は決して交渉のテーブルにつこうとしない。たとえ国連が停戦を呼びかけても。

　一つの陣営を便宜上「科学陣営」と呼ぶことにしよう。この陣営の人々は、自分たちこそが理性の声だと自認し、無知と迷信という潮流を押し返すのが仕事だと信じて疑わない。人類は、太古の泥の状態から這い出してからこのかた、この無知と迷信の奴隷にされていたというのだ。私なりにこの立場を要約してみよう。

科学とは、人類が発展するための誰にも止められない推進力であり、宇宙に関する多くの疑問に解答を与え、病気、エネルギー、大気汚染、貧困など、すべてではないとしても多くの問題を解決してくれる。将来、科学はあらゆることを解明し、人間のすべての必要に答えることができるようになる。

また、科学陣営は次のような前提を土台としているとも言えるだろう。将来科学が発達し、それ相当のレベルに達すれば、生《せい》に関する難問《ビッグ・クエスチョン》も科学で解明できる。少なくともそのいくつかは。難問《ビッグ・クエスチョン》とは次のような問いである。私たちはどこから来たのか？　私たちは何のためにここに存在しているのか？　私たちが存在する意味は何なのか？

一方、対極にあるのが、便宜上「神陣営」と呼ぶ立場である。この立場によれば、存在するあらゆるもの、および私たちの存在、営みを含めたすべての背後には神の知性がある。神陣営の人々も生《せい》に関する難問《ビッグ・クエスチョン》に対する答えを追求しているし、答えを発見したと断言する人さえいる。問いは科学者と同じでも、答えの所在はずいぶん違っている。この立場の人々は、宇宙と、驚くほど豊かで多様性に満ちたこの青い惑星の複雑さと不思議さに目を向ける。そして、私たちの住む美しく見事な世界の背後に、非常にすぐれた知性が存在するのは疑いようがないと考える。この人々にとっては、このような見方をしない人がいることは驚きのようなのだ。両者が顔を合わせると、時として自制心を失い、問題解決への光を生み出すよりも論争や対立が熱を帯びてしまって、口論と中傷の応酬という結果になることもある。

だから、神と科学は相容れないと結論を下す人が多くなっても驚くにはあたらない。ちょうど、金属ナトリウムか金属カリウムを水に落とすと、シューッと泡を立てて発火し、熱を発して、最後にバンと爆発が起こるようなものだ。

しかし、このような両陣営の対立を別の角度から見たらどうなるだろう。私たちはだまされていて、誤った情報と間違った考え方によって、意味のない論争に巻き込まれているのだとしたら？　今日の論争が初めてではないだろうが。もし対立抗争の爆発で終わってしまうのとは異なる宇宙規模の化学反応があるとしたらどうだろうか。

私の生い立ち

地理的には私の生まれ故郷は北アイルランドで、「神問題」となると悲しいことに芳《かんば》しくない評判の土地である。私が育ったところは、宗派的、文化的に深く分断された地域で、一般には「プロテスタント」と「カトリック」の抗争として知られている（しかし、もちろん、実情はもっと複雑だが)。この闘争は「厄介事(the Troubles)」と総称される、三十年にわたる虐殺、爆撃、テロ事件の連鎖へと広がっていった〔訳注・一九六〇年代に起こった「北アイルランド紛争」のこと〕。

このような状況の下で、私の両親は異色の存在だった。両親は、クリスチャンだったが、宗派に対するこだわりはなかった。あの時代、そのような立場をとることは、誰であっても難しいことだった。父の姿勢は、自分の店で宗派に関係なく人々を雇っていたことからもわかる。そのせいで店は爆破攻撃に遭い、兄は爆風で重症を負った。テロが本当に生々しい現実となって我が家を襲ったわけだ。

両親は私にたくさんのことをしてくれたが、その最も大きなことは、私を愛するがゆえに、自分自身でものごとを考えるという自由を与えてくれたことだろう。認めたくはないが、これは私の国ではあまりないことだった。偏狭な考え方と凝り固まった意見がはびこっていたからだ。一九六二年の秋、ケンブリッジ大学に入学したときには、両親のおかげで、私はすでにさまざまな分野の書物を読んでいたし、キリスト教以外の世界観について深く考えてもいた。これは感謝すべきことだった。

その後、幸運にも、そのような問題について語り、公共の場で議論する機会に恵まれ、この二十年間に無神論を主導する人々と討論《ディベート》を行ってもきた。その中で、現在世界的リーダーといえば、おそらく、私と同じくオックスフォード大学教授であるリチャード・ドーキンスだろう。私は常に、自分と異なる世界観を持つ人々に敬意を払うようにしてきた。そして、どのようにしてそのような立場をとるに至ったのか、なぜその世界観に情熱を燃やせるのかを理解するように努めている。

あなたはこの本を読んで、科学によってすべてが説明できるので、もはやこの世界に神が入る余地はない、と感じているかもしれない。あるいは、単に好奇心から科学と神に関する問題を考える視点を見つけたいと思っているかもしれない。あなたがどのような立場の読者だとしても、私が願っているのは、この入門書を楽しく読み、本書が、科学と神をめぐる疑問について科学的に考える刺激となることである。つまり、どのような結果に至ってもそれを受け入れ、証拠に基づいて思考を進めてもらいたいのだ。そうすることに何かしらの違和感を覚えるとしても。

科学と神は相容れないという一般に広まっている考えは明らかに誤りであり、そのことを立証するのはそれほど難しくはないことを、私は示したいと思う。この小著の中で、よくある思い違いを検討しようと思う。思い違いには、神に対する信仰や信念に関するものばかりではなく、科学そのものに対するものもある。それらを検討することで明らかにしたいのは、ものごとに対するもう一つ別の見方もあること、そして、科学と宗教の対立（衝突）というおなじみだが根拠のない見方よりも、別の見方のほうが理にかなっており、しかも健全だということなのだ。

異なった種類の宇宙レベルの化学反応がありうることを私は提案したい。水素と酸素を化合すると、金属カリウムを水に落とした場合と同じく、爆発が生じる。しかし、その後生成されるのは、爆発とは似ても似つかないもの、爽やかでいのちを与える水なのである。

第1章　科学者は神を信じられるのか？

「この時代に科学者であると同時に、神を信じるなんてことはできませんよね？」

もう何年も、多くの人々がこう言うのを聞いてきた。しかし、このような言葉の裏にある、神を信じる科学者などいないという先入観こそ、多くの人々が科学と神について真剣に話し合おうとしない原因ではないだろうか。

私はその返答として、とても科学的な問いをすることにしている。「なぜ科学者が神を信じてはいけないのかな？」と。

「だって、科学が宇宙についてあんなにはっきりと解明して、もう神の出る幕はないことを示しているじゃないですか。神を信じるなんて時代遅れですよ。それは宇宙のことがよくわからなかった時代のことで、『神がそうなさったんだ』と言って、いいかげんなかたちで片づける方便だったのです。そういう『隙間の神』的な考え方〔訳注・現在の科学では説明できない部分

〔それが隙間〕を説明する存在としての神という考え。第2章で解説される〕はもう通用しないんです。早く神と宗教が一掃されれば、それに越したことはないに決まってます」という答えが返ってくる。

私は、心の中でため息をついて、これから始まる長い会話に備える。それは、人々があたり前と思い込んでいること、誤って理解していること、中途半端な真理などが入り混じったごった煮のような文化から無批判に吸収してきたものを解きほぐす作業なのだ。

一般的なものの見方

驚くことではないが、このような見方が一般的で、ほとんどではないとしても多くの人々が基本的にこのように捉えているし、影響力のある人々もこの見方を支持している。たとえば、ノーベル物理学賞受賞者のスティーヴン・ワインバーグはこう述べている。

世界は、宗教という長い悪夢から目覚めなければならない。私たち科学者はあらゆる手を尽くして、宗教の縛りを弱めなければならないし、実際のところ、それが文明に対する私たちの最大の貢献となりうるだろう。*1

「私たち科学者はあらゆる手を尽くして」という言葉に込められた、不吉な響きをもった独裁的な雰囲気が読み取れただろうか。

このような姿勢は新しいものではない。私は五十年前、ケンブリッジ大学に在学中、はじめてこれに遭遇した。大学で催されたある晩餐会で、別のノーベル賞学者と隣り合わせになった。それまで、それほどの名声のある科学者に会ったことがなかったので、この先生との会話からできるだけのことを学ぼうと、いくつか質問をしてみた。たとえば、ご自身の科学研究からどのような世界観、つまり、宇宙の今の状態や意味といった世界の全体像を導き出しましたか、など。特に私が聞きたかったのは、その幅広い研究を通して、神の存在について思索するに至ったかどうかということだった。

先生がその質問に答えたくなさそうなのは明らかだったので、私はすぐに質問を引っ込めた。しかし食事が終わるころ、この先生は私に自分の研究室に来るように言ったのだ。他にも二、三人の年長の先生方が招かれていたが、学生は私以外いなかった。私は椅子にかけるように勧められたが、思い出せるかぎりでは、他の先生たちは立ったままだった。

先生は言った。「レノックス君、きみは科学者の道に進みたいのかね。」

「はい、先生」と答えた。

「それなら」と先生は続けた。「今夜、証人たちの前で、きみはこの子どもじみた神への信仰を捨てなければならん。そうしないなら、きみは、その信仰によって知性を損ない、同級生たちと比べて苦しみを経験することになる。早い話が、きみは研究者にはなれんよ。」

これを圧力と言わずしてなんと言おうか！　こんな経験は初めてだった。

この恥も外聞もない、不意打ちの猛攻撃の前にショックを受け、身動きがとれず、椅子に沈み込んだ。何を言ったらいいのかさっぱりわからなかったが、かろうじてこう言った。「先生、私が信じているものより優れたものとして、どんなことをご存じなのですか。」その返事として、先生は「創造的進化」という概念を挙げた。これは、フランスの哲学者アンリ・ベルクソンが一九〇七年に提唱したものだ。

実は、C・S・ルイスのおかげでベルクソンのことを少し知っていたので、こう答えた。「どうしてベルクソンの哲学が世界観全体の基礎となり、ものごとの意味や道徳観、生き方の土台を提供するのに充分なものなのか、私にはわかりません」と。声は震えていたが、できるかぎり丁重に、私を囲んで立っている方々に伝えた。「聖書の世界観のほうがはるかにものごとの価値を豊かにすることができ、その真実性の証左には説得力があると私には思えますから、お言葉を返すようですが、私は危険を冒してもこの考えを変えません」[*2]と。

驚くべき事態だった。頭脳明晰な科学者が私を脅して、キリスト教を捨てさせようとしたのだから。この事件以降、何度も考えた。もしこれが逆だったら、つまり私が無神論者でクリスチャンの教授たちが私を取り囲み、無神論を捨てろと圧力をかけたとしたら、大学中で反響を呼び起こし、これに関わった教授たちは懲戒処分になったことだろう。

しかし、あの非常に恐ろしい出来事のおかげで、私の心と精神に鋼鉄が組み込まれた。私は決意した。できるかぎり最善を尽くして、優れた科学者になろう。もし機会があるなら、神と科学に関する大きな疑問について考えるように人々を励まそう。そして、脅されたり、圧力をかけられてするのではなく、自分自身で判断するようになってもらいたいと。その後何年も、友好の精神とこのような疑問への開かれた探求精神のもとに、老いも若きも数多くの人々とともに思考を深められていることを誇りに思う。本書でこれから展開されるのは、私のこれまでの経験から、人々と話し合うのに最も有益と思われる意見や考え、それから、私が行った対話の中で最も興味深く、類いまれなものである。

学問の世界の闇の側面

あの日、もう一つ価値ある教訓を得た。学問の世界には闇の側面があるということだ。科学者たちの中には、まず先入観ありきで始め、証拠を議論することを望まず、真理の追求に集中するかわりに、ある考えを広めることに夢中になる人々がいる。その考えとは、科学と神は相容れないし、神を信じる人は単に無知だということである。

これが誤りなのは明らかだ。

さらに、それほどの見識がなくても、これが誤りであることはわかるはずだ。ノーベル物理学賞を例に考えてみよう。二〇一三年のノーベル賞は、ピーター・ヒッグスに贈られた。彼は、スコットランド人で無神論者だ。受賞理由は、素粒子に関する革新的な業績と、後に立証されることになる「ヒッグス粒子」の存在を予測したことによる。その数年前、ウィリアム・フィリップスが受賞した。彼はアメリカ人でクリスチャンである。もし科学と神が相容れないのなら、クリスチャンのノーベル賞受賞者は出ないはずだ。実際には、一九〇〇年から二〇〇〇年までのノーベル賞受賞者の六〇％以上が神を信じていると告白している。[*3] 私が言いたいのは、ヒッグス教授とフィリップス教授を区別するものは、研究している物理学でも科学者としての地位でもないということだ——二人ともノーベル賞を受賞しているのだから。では何かと言えば、それぞれが持つ世界観なのである。ヒッグスは無神論者であり、フィリップスはクリスチャンだ。ということは、何年も前にケンブリッジで私を怯え上がらせたあの教授たちの主張（科学者として尊敬されたかったら、無神論者にならなければならない）は、明らかに間違いだということがわかる。科学者であることと、信仰者であることの間に本質的な対立はない。

しかし、現実には、頭脳明晰なこの二人が抱く世界観をめぐる対立がある。それは、無神論と有神論の対立である。

そもそも無神論とは何か？

厳密に言えば、無神論とは神を信じないことを意味するにすぎない。しかし、だからといって、無神論者は世界観を持っていないということにはならない。神の存在を否定するには、この世界のあり方について数多くの信念を主張しなければならない。だからリチャード・ドーキンスの著書『神は妄想である――宗教との決別』は、自分は神を信じないというだけの一ページのトラクトというわけにはいかず、ドーキンスの世界観となっている自然主義にページを割いた大著になっている。自然主義とは、この宇宙しか存在せず、科学において「質量・エネルギー」と呼ばれるものが宇宙の基本的要素であって、それ以外には何も存在しないという考えである。

物理学者のショーン・キャロルは、ベストセラーになった著書『この宇宙の片隅に――宇宙の始まりから生命の意味を考える五〇章』の中で、自然主義では人類がどう捉えられているのか、次のように説明している。

私たち人類は組織された泥の塊であり、その泥の塊が非人称的《インパーソナル》〔個人や人々の事情にかかわらないといった意味〕な自然の法則の働きを通じて、私たちをとりまく世界の恐ろしいほどの複雑さについて考え、それを慈しみ、またそれと取り組む能力をつちかってきた。……私たちは、自分が人生を生きることによってそれに意味をもたらす、考え、感じる人間でもあるのだ……。*4

これが、無神論者の多くが信じている世界観だ。

私の世界観はキリスト教有神論である。知性を持った神が存在しており、宇宙を創造し、秩序を与え、維持していると、私は信じている。神はご自身のかたちに似せて人間を創造した。したがって人間には、自分を取り巻く全世界を理解する能力だけでなく、神ご自身を知り、交わりを楽しむ能力が授けられている。クリスチャンにとっては、生きるということは輝かしい超越的な意味（すなわち、この世で肉体をもって過ごす年月をはるかに超えて、永遠に続く世界に備えて創造されたということ）に満ちたものなのである。私は、科学がこの世界観の土台を弱めるどころか、強く裏付けていることを示したい。一方で、あとで見るように、科学によって裏付けがほとんど得られないのは無神論のほうなのである。しかしその前に、まず土台づくりとして、科学と神は相容れないと考えるこの奇妙な見方に、どのようにしてたどりついたのか、その歴史的背景から見ていきたい。

歴史からの教訓

私は昔から、語学が得意だった――数学と言語は関連性があるらしい。実際、私はカーディフ〔訳注・ウェールズの都市で、ウェールズ大学がある。レノックスはここで准教授だった〕で教職に就いたが、お金もなく、苦労していたころで、子どもができて人数が増える家族を養うため、機会があればロシア語の数学の論文を英語に翻訳して小遣いを稼いだものだ。

いろいろな出来事が奇妙につながって、気がつくと数年後、おんぼろなロシア機に乗って、私はシベリアのノヴォシビルスクという町に着陸しようとしていた。そこの大学で一か月間、講義と研究をすることになったのだ。

当時の共産党支配のもとで技術的インフラはかなり時代遅れだったが、ロシアの数学者の中には世界的な人たちがおり、そういう学者たちと会い、教授陣や学生たちと時間を過ごせたことは貴重な機会だった。しかし、彼らはあることに非常に当惑していた。それは、私が神を信じていることだった！

ついには、私は学長に招かれ、数学者でありながら、なぜ神を信じるのかを説明する講義をすることになった。この種のテーマで講義がされるのは、どうやら七十五年ぶりのことだったらしい。講堂は教授や学生たちで満員となった。講義では、とりわけ近代科学の歴史を語り、ガリレオ、ケプラー、パスカル、ボイル、ニュートン、ファラデー、クラーク＝マックスウェルなどの偉大な先駆的科学者たちが、堅く神を信じていたことを説明した。

この話をすると、聴衆の中から怒りを感じ取った。講義中に受講者の怒りを買うのが嫌いな私は、話を中断して、何にそんなにイライラしているのか聞いてみた。最前列にいた教授が言った。「私たちが怒っているのは、これまで手本としてきた、この有名な科学者たちが神を信じていたなどと聞いたのは初めてだからです。なぜ私たちはそう教わらなかったのだろう？」私は答えた。「それは当然ではないですか？　この歴史的事実は、あなたがたが教えられた『科学的無神論』に合致しませんから。」

私はさらに、近代科学の台頭に聖書的世界観が深く関わっていることは広く認められていると指摘した。オーストラリアの著名な古代史学者であるエドウィン・ジャッジはこう書いている。

現代世界は科学的方法の革命の成果である……科学実験と、過去の証拠として文献を引用することはともに、エルサレムの世界観に端を発するもので、アテナイではない。ユダヤ人とクリスチャンなのであって、ギリシア人ではない。[*5]

C・S・ルイスは、こう言ってまとめている。

> 人々は自然の法則を予測したが故に科学的になったのであり、立法者を信じたが故に自然の法則を予想したのである。[*6]

ピーター・ハリソンなどの最近の科学史家たちは、もっと含みのある表現で、キリスト教の思考が、近代科学を誕生させた知的環境にどう影響を与えたのかを理論化しているが、基本的に同じ結論に至っている。すなわち、神への信仰は、近代科学の誕生を妨げるどころか、それを生み出す原動力のひとつだったということだ。したがって、科学者であってクリスチャンであることは恥ずべきことではなく、特権であり、栄誉であると私は考えている。

では、この信仰が科学の誕生にどうつながったかを、偉大な科学者の何人かの例を通して見てみよう。惑星の運動法則を発見したヨハネス・ケプラー（一五七一－一六三〇年）は、こう書いている。

自然界を研究する主要な目的は、合理的な秩序を発見することである。この合理的な秩序は、自然界に神が付与され、数学という言語を用いて私たちに啓示されたのである。

これは、単なる理神論〔訳注・世界の根源として神の存在を認めるが、人格的存在とは考えず、奇跡や啓示を否定する〕を表明したものではない。というのは、ケプラーは他のところで、自身のキリスト教への確信がいかに深いかを、次のように明らかにしているからだ。「私は、イエス・キリストのみわざをのみ信じている。キリストは避けどころであり、そこになぐさめがあるのだ。」

マイケル・ファラデー（一七九一－一八六七年）は、歴史上最も偉大な実験科学者といっても過言ではないが、敬虔なキリスト教信仰の持ち主だった。ファラデーは、死の床で、訪ねて来た友人から尋ねられた。「マイケルさん、今（死後の世界について）どんな想像をめぐらしておいでか。」

「想像をめぐらすだって？　そんなものはない！　私にあるのは確信だ。私は神に感謝する。この死にゆく頭《かしら》を横たえるのが想像などというものの上ではないことを。私は、自分の信じてきた方をよく知っており、また、その方は私がお任せしたものを、かの日まで守ることがおできになると確信しているからだ〔訳注・新約聖書テモテへの手紙第二、一章一二節の引用。この書簡の著者は使徒パウロ〕。」

死後の永遠の世界を前にしてファラデーは、その何世紀も前に、使徒パウロの強い支えとなった確信に満たされていたのである。

ガリレオ

「でも、ガリレオは教会から迫害されたではないですか。これは確かに科学と神への信仰が相容れないことの証拠です」と、シベリアの聴衆の中からまた別の人が質問をした。

私はその問いへの答えとして、ガリレオは実際、神と聖書を堅く信じており、それは生涯変わらなかったというのが事実だと指摘した。ガリレオはかつてこう語った。「自然法則は神の御手によって、数学という言語で書かれている」また、「人間の精神は神の作品であり、その最もすぐれたものである」と。

一般に伝えられている史話は、無神論の世界観を支持するかたちに単純化されてしまっている。現実には、当初ガリレオは、カトリック教会から強力な支持を得ていた。影響力のあったイエズス会の教育機関、コレジオ・ロマーノ〔訳注・一五五一年イグナチオ・ロヨラによって創立。現在の教皇庁立大学であるグレゴリアン大学の前身〕の天文学者たちは、ガリレオの天文学研究の成果を支持し、敬意を表したくらいだ。一方で、ガリレオのアリストテレス批判に激怒した教会外（世俗）の哲学者たちからは強い反感を買った。

　これが元凶となったのである。しかし、強調しておきたいのは、教会との対立が始まりではなかったことだ。有名な『大公妃クリスティーナへの手紙』（一六一五年）の中で、ガリレオは、自分に敵対し、影響力を行使して教会の聖職者たちに自分を批判させようとしているのは、大学の教授たちだと訴えている。このような学者たちにとって問題だったのは、ガリレオが展開した科学的議論が、当時の学界にあまねく広まっていたアリストテレス主義に対する脅威となっていたという事実だ。

　ガリレオは、発展しつつあった近代科学の精神にそって、広くは当時の支配的理論、具体的にはアリストテレスの権威に訴えた議論に基づいてではなく、証拠に基づいて宇宙に関する理論に決着をつけようとした。ガリレオは望遠鏡で宇宙を観察し、そこで彼が発見したことのおかげで、アリストテレスが考え出したおもな天文学理論の多くはズタズタにされてしまった。ガリレオは太陽黒点の観測を行った。それによって、アリストテレスの「完璧な太陽」という教えを汚すことになった。一六〇四年にガリレオは「超新星」を観測した。これは、天空は変化しない、つまり「恒久」だというアリストテレスの宇宙観に疑問を投げかける結果となった。

　アリストテレス主義は当時広まっていた世界観で、科学研究のパラダイム（訳注・ある時代や分野において支配的な物の考え方〕になっていたが、すでにほころびが見え始めていた。さらに、プロテスタントの宗教改革がローマ・カトリックの権威に挑んでいたため、ローマ・カトリックの立場からすると、宗教上の安定が日増しに脅かされていた。敵対勢力に包囲されたローマ・カトリック教会は、当時の大多数の民衆と同じくアリストテレス主義に基づいた世界観を受け入れていたため、アリストテレスに本気で挑戦することなど許容するわけにはいかないと感じていたのだ。聖書そのものは、必ずしもアリストテレスのものの見方を支持しているわけではないという（特に、イエズス会からの）不満の声があったにもかかわらず。

しかし、そのような不満はまだ大きくなかったので、強力な反ガリレオ派の動きを抑える力にはならなかった。反ガリレオの動きは、いずれ学界とローマ・カトリック教会双方から上がってくる。しかし、その時でさえ、敵対の理由は学問的なものや政治的なものだけではなかった。妬みと、それから、触れておかなければならないが、ガリレオ自身に外交力がなかったことが要因だったのである。たとえば、彼は当時のエリートたちの神経を逆なでしてしまった。それは、書物を学者しか読めないラテン語ではなく民衆が使うイタリア語で書いて、民衆に知識を身につける力を与えてしまったことだ。ガリレオが、一般社会の今日でいう科学リテラシーを高めることに熱心だったのは立派なことだったのだが。

ガリレオにはまた、自分に反対する人々を痛烈に糾弾するという、何の益にもならない悪癖があった。さらに、『天文対話（二大世界体系についての対話）』の刊行に際して、教皇庁からの命令への対応で失敗している。ガリレオは、かつての友人であり支持者であった教皇ウルバヌス八世（マッフェオ・バルベリーニ）の論点を、この書物に入れるように正式に命令を受けていた。教皇の論点はこうだ。神は全能であるから、いかなる自然現象も思いのままに生じさせることができる。したがって、自然哲学者が発見した答えが唯一だと主張するのは、学者の推測の域を出ない。ガリレオは、従順に教皇の議論を本に入れるには入れたが、それを頭の回転の悪い登場人物、シンプリチオ（道化役）の口を通して言わせたのだ。これこそ、「墓穴を掘る」の古典的例と言えるだろう。

もちろん、ローマ・カトリック教会が検邪聖省《けんじゃせい》〔訳注・一五四二年にプロテスタントに対抗する異端審判所として発足。教理と道徳を保持する役目を担い、現在の信仰教理省の前身〕の権力を行使してガリレオの自由を制限したことや、ガリレオの名誉回復にその後何世紀も費やさなければならなかったことに弁解の余地はない。同時に、知っておかなければならないこともある。一般に信じられているのとは違って、ガリレオは一度も拷問を受けておらず、判決後の軟禁生活は、ほとんどの期間、友人が所有する豪邸で厚遇された生活だったのである。

世界観に挑戦する

ここから教訓を学べるだろう。宇宙についてのよりすぐれた科学的解明を推し進めたのは、聖書的世界観を信じていたガリレオであった。それも、今見てきたように、聖職者たちと対立したばかりか、聖職者と同じようにアリストテレスの後継者を自任していた当時の世俗の哲学者たちの抵抗と啓蒙主義と戦いながらであった。

今日の哲学者や科学者も、事実の前に謙虚になる必要がある。その事実が、神を信じる者から出されたとしても。科学的正当性を問題にするとき、神を信じていないことが、神を信じていることよりもすぐれた保証とはならない。ガリレオの時代にも、また私たちの時代にも明らかなことは、支配的な科学の枠組みを批判することはリスクをはらんでいるということだ。それは、どんな人がするとしても同じだ。この点を、私の講義を聴いていたロシアの学者たちは、独裁政権下に生きていても見失っていなかった。

ガリレオ事件（および、同じくらい事実を曲げて伝えられた象徴的な出来事である、英国国教会主教のサミュエル・ウィルバーフォースとダーウィンの進化論擁護派の生物学者Ｔ・Ｈ・ハックスレーが、一八六〇年にオックスフォードで行った論争〔訳注・ダーウィンの『種の起源』

出版の七か月後に行われた論争。「オックスフォード進化論論争」として知られている）に関して、科学史家のコリン・ラッセルはこう結論づけている。

一般に広く信じられているような、……過去数百年にわたる宗教と科学の関係を特徴づけるのは、根深く、終わることのない敵意でしかないという意見は、……歴史的に不正確であるばかりか、実際にはひどく奇怪な形に歪められた風刺画みたいなもので、どうしてそのような意見が教育のある知的な人々にも受け入れられたのか説明が必要だ。[*7]

第2章　近代科学の道のり――ニュートンからホーキングまで

おそらく最も著名な現代の科学者はスティーヴン・ホーキングだろう。彼はケンブリッジ大学のルーカス記念教授であった。これは、三百年前にニュートンが就いていた教授職である。ニュートンは神に対して堅く熱心な信仰を持っていた人物で、その信仰と科学的探求の間になんの葛藤も経験していなかった。ホーキングは、自分は無神論者だと明言し、私たちはみな科学か神のどちらかを選択しなければならないと言い放った。

この差はどのようにして生じたのだろうか。神を信じていたニュートンから神を信じなかったホーキングへと、私たち人間はどのような道のりをたどったのだろうか。単なる科学の発達なのだろうか。それとも他に何かがあるのだろうか。

考えたいことが二つある。そのどちらもわかりきったことだが、しばしば見過ごされているのだ。

科学者の発言と科学的発言

有名なテレビ番組『コスモス』のオープニングで、米国の天文学者で宇宙学者のカール・セーガンはこう語っている。「宇宙とは、かつて存在したもの、今現在も存在するもの、そして未来に存在するもの、これがすべてなのです。」これは科学的な発言ではなく、たとえば、引力は逆二乗の法則に従うという科学的言説とは異なる。セーガンの発言は、無神論者として自分の信念を表明したものにすぎない。問題なのは、ただ単に科学者が述べたというだけの理由で、どれも当然科学的権威があると思ってしまう人が多いことだ。

これは危険だ。というのは、科学者は、たとえ頭脳明晰な科学者でさえも、ひどい誤ちを犯すことはあるからだ。ノーベル賞を受賞した物理学者のリチャード・ファインマンは、「科学者も自分の研究分野を離れたら、隣のあいつと同じくらい能無しなんだ」と述べている。それをかなり露わにした例がスティーヴン・ホーキングの著書『ホーキング、宇宙と人間を語る』に出てくる。彼はこう言う。「哲学は死んでしまっているのではないでしょうか。……科学者は新たな発見を行うことにより、人類の知の探求において発見の松明《たいまつ》を掲げて進む役割を担うことになりました。*8」私は思った。科学哲学を中心テーマとする本の冒頭で、哲学は死んでしまったと述べるのは、どう見ても賢いと言えるものではない！

科学が真実への唯一の道なのか？

科学が真実に至る唯一の道だという考えが、今日広まっている。「科学主義」と呼ばれるものだが、これは誤りである。

考えてみてほしい。もし科学が真実に至る唯一の道だったら、世界中の学校や大学の教員の半分は失職することになってしまう。歴史、文学、語学、美術・音楽が、まず最初に消し去られてしまうからだ。

アインシュタインはかつて、科学者は優秀な哲学者にはなれないと言った。残念なことに、ホーキングはきわめて優秀な科学者だが、確かにこの弱みを露呈している。スティーヴン・ホーキングの友人であり、英国王室天文官のラドローのリース男爵は、英国の大手新聞ガーディアン紙のインタビューの中で、ホーキングが宇宙の創成に神は必要ないと表明したことについてどう思うか質問された。リースの回答はこうだった。「私はスティーヴン・ホーキングと親しいのでよく知っていますが、彼は哲学書をほとんど読んでいないし、神学書に至ってはそれ以下です。だから、彼の見解はことさら重く受け取らなくていいと思います。[*9]」リースは、ホーキングへの追悼文でも同様の点を指摘している〔訳注・リースは、ホーキングの発言は、哲学など本人の専門外に関するものまでも、誇張されて注目されてしまったと述べている。https://www.cam.ac.uk/stephen-hawking-an-appreciation-by-lord-martin-ree〕。

不幸なことに、科学が真実に至る唯一の道だという考えに引きずられて、「科学的である」ことが「論理的である」、すなわち理にかなっていると考えてしまうことが多い。これが正しくないことは、一目瞭然だ。というのは、先ほど触れた歴史や文学などの学問分野でも、この世で起こる多くのことと同様、論理的に考えることが当然求められるからだ。つまり、論理性は、科学よりもはるかに幅広い領域で求められるのである。

たとえを使って科学の限界を見るとよくわかるだろう。私のマチルダおばさんがケーキを焼いたとしよう。そして、世界のトップ・クラスの科学者たちにそれを分析してもらう。生化学者はタンパク質や脂肪などの化学構造を、化学者はケーキを構成する元素を教えてくれるだろうし、物理学者はケーキを基本素粒子のレベルで分析するだろう。そして、数学者はそれらの素粒子の振る舞いを記述するエレガントな公式を提示してくれるだろう。

さあこれで、ケーキがどのようにできたのか、何でできているのかはわかった。だが、なぜケーキを焼いたのかと科学者たちに尋ねてみたらどうだろう。マチルダおばさんはニヤッとする。その顔に浮かべた微笑みで、おばさんはその答えを知っていることがわかる。ケーキを焼いた張本人だから。言うまでもなく、世界有数の科学者たちでも、おばさんがなぜケーキを焼いたかは、いくら分析を重ねて調べてもわかりっこない。おばさんが答えをくれないかぎり、科学者たちには決して知ることはできない。自然科学は、ケーキの性質や物質的構造についての疑問を扱うことはできるが、目的を尋ねる「なぜ」という疑問には答えることができない。[*10]科学には限界があるのだ。

ノーベル賞受賞者のピーター・メダワー卿は、子供が抱くような初歩的な疑問に答えることができないがゆえに、科学に限界がある可能性は非常に高いと指摘している。その疑問とは次のようなものだ。

私の心の中には次のような問いがある。「あらゆるものはどのように始まったのか？」「私たちがここに存在するのはなぜか？」「生きる意味は何か？」[*11]

神への信仰に対する反論に、よく耳にするものが三つある。それらの反論は、互いに関連しており、科学的で論理的に聞こえるが、実はまったくそうではない。

神を信じることは妄想である（反論Ⅰ）

これは、リチャード・ドーキンスがその著書『神は妄想である——宗教との決別』の中で展開している主張だ。さらに、ドーキンスの主張によれば、妄想こそ、人が生きる上で危険で有害なものだそうだ。

「妄想」とは精神医学から来た概念で、明らかな反証があっても執拗に保持される、誤った信念のことである。私は、ドーキンスの主張を逆手にとって、実は彼の無神論こそ、この定義によく当てはまると申し上げたい。

ドーキンスは精神分析医ではないので、神は妄想だという持論は専門外のものということになる。科学者としてドーキンスも十分承知しているはずだが、当該分野の専門家が何と言っているかチェックしなければならない。私も精神分析医ではないので、ドーキンスの主張が専門家に支持されるのか調べてみた。

その結果、支持されないということがわかった。

英国王立精神医学会の元会長であるアンドリュー・シムズ教授は、「宗教的信念を持つことや霊的《スピリチュアリティ》であることの有効性は、精神医学や医学一般の世界では知る人ぞ知る秘密である」[*12]と述べている。もしこのテーマの膨大な数の研究からこれに反する結果が出て、宗教は精神的健康に有害ということになったら、国中のあらゆる新聞の一面をにぎわすニュースにすでになっているだろう。

さらに、シムズによれば、アメリカの公衆衛生専門誌が大規模な文献調査をしたところ、この分野の大半の研究で、宗教に入信していると、精神的健康、幸福感、生活満足度、希望、楽観的志向、人生に対する目的意識や意味づけなどと強い相互関係があるとの結果が出ていた。さらに、自尊心が高まる、親しい人との死別への適応力が上がる、社会的援助の受容が高まる、孤独を感じることが少なくなる、憂鬱になる頻度が下がり、憂鬱傾向からの回復が早まる、などの効果もあった。しかし、ドーキンスの著書を読んでも、このような膨大な数の研究結果を把握しているようには見えない。

私たちに妄想を抱かせているのは、ドーキンスのほうではないかと思えてくる。彼は、科学に基づいて主張していると訴えるが、科学が自分を支持していないことに、ドーキンス自身明らかに気づいていない。それは、ドーキンスは、科学が示していることに十分注意を払っていないからだ。ちゃんと文献調査ができていないのである。

神を信じることが及ぼす「害」についてはこのくらいにしよう。あとの章で、神が実在する根拠を見ていくが、そこで私は無神論こそ妄想であることを示そうと思う。というのは、無神論は、それを否定する有力な証拠があるにもかかわらず、人々が執拗に抱いている信念だからである。

フロイトの反論（反論Ⅱ）

ご存じの読者もいるかもしれないが、神は妄想であるという考えからまず連想されるのは、ジグモント・フロイトだろう。ドイツの精神分析医であるマンフレッド・ルッツは、ベストセラーになった著書『*God: A Brief History of the Greatest One*（未邦訳・神――最も偉大な存在者の略歴）』[*13]の中で次のように述べている。神を信じることに関するフロイトの説明がうまく成り立つのは、神は存在しない場合だけである、と。ルッツはさらにこう続ける。だが、まったく同じ理屈によって、もし神が存在するなら、フロイトの同じ主張は、神はいないと信じる無神論こそが気休めの妄想であると示すことになる、と。すなわち、無神論とは、自分の生き方という現実を直視することからの逃避であって、いつの日にか神の前に出て自分の生き方について申し開きをする「最後の審判」から逃れようという願望を投影したものということだ。

マルクス主義は、宗教は人民にとってアヘンであるという、このフロイト流の考えを取り入れた。しかし、マルクス主義的独裁国家の下で抑圧されて生きる人々は、この主張の裏側を知っていた。ポーランドのノーベル文学賞受賞者であるチェスワフ・ミウォシュはこう書いている〔訳注・The New York Review of Books サイトの一九九八年十一月十九日の記事“Discreet Charm of Nihilism”からの引用〕。

人民にとっての本当のアヘンは、死後は何もないという信念である。私たちは、裏切り、貪欲、臆病、殺意などの思いを抱いても裁かれないのだと考えて、大いに安心してしまうのだ。*14

フロイトにそって考えれば、もし本当は神が存在するなら、無神論は逃避を実行させる心理的メカニズムとなる。神はいないと思い込むことによって、私たちが最終的に負うべき自分の人生に対する道徳的責任から逃避してしまう。しかし、肝心の「神が存在するのか、しないのか」という問いに、明らかにフロイトは答えていない。

フロイトの主張は、無神論にも有神論のどちらにも通用する両刃の剣だ。例を挙げよう。スティーヴン・ホーキングはかつて、ガーディアン紙のインタビューでこう語った。「天国も死後の世界も存在しない……それは、暗闇を恐れる人々のためのおとぎ話だ。*15」私はこれにどう応じるか尋ねられた。私は気軽に（フロイト流に）短く答えた。「無神論は、光を恐れる人々のためのおとぎ話だ。」このやりとりがＢＢＣニュースで引用されたと聞いて私は嬉しかった。ただし、公正を期するために指摘しておかなければならないが、ホーキングの意見も私の意見も科学的な発言ではない。どちらも信念に基づいた発言である。それが正しいかそうでないかは別の問題であり、フロイトの展開する議論は、ここまで見てきたように、この問題に決着をつけることができないのである。

サンタクロース（反論Ⅲ）

科学者が問題のとらえ方を間違えている最後の例は、神を信じるのは、サンタクロースや空飛ぶスパゲッティ・モンスター〔訳注・パロディとして創出された宗教の「創造主」の名〕や歯の妖精〔訳注・西洋の言い伝えで、抜けた乳歯をコインやプレゼントに交換する妖精〕を信じるようなものだという意見だ。私は公共の場で、何度かこの種の非難を受けたことがある。あるときは大きな大学での討論会で、ひとりの科学者がこの主張を使って議論を挑んできた。この議論に決着をつけようと、私は聴衆に聞いた。「大人になってサンタクロースを信じた人は手を挙げてください」と。誰も手を挙げなかった。しかし、今度は、「大人になって神を信じた人は手を挙げてください」と聞くと、何百人も手を挙げたのだ。

神をサンタクロースと同じ類いのものと考えるのはナンセンスである。歴史を通して、最高レベルの知性を持った人々の中に人生を賭けて神について考察した人々はいるが、サンタクロースをそのようにとらえた人はいない。この種の議論は、それを主張する人に共感する聴衆が拍手をしたり笑ったりして応じることはあるが、これは哲学で「カテゴリー錯誤《ミステイク》」〔訳注・本来所属すべきカテゴリーとは違うカテゴリーに入れてしまうことから生じる誤り〕と呼ばれるものにすぎない。

では、ここでニュートンとホーキングをめぐる疑問に戻ろう。

どちらかを選ばなければならないのか？

スティーヴン・ホーキングが、「科学」か「神」かの選択をしなければならないと考えたのは、なぜだろうか。反対に、アイザック・ニュートン卿はそうは考えなかったのである。

私は、その理由が大きく分けて二つあると思う。それは、神の本質に関する混乱と、科学的説明の本質に関する混乱である。

1　神の本質についての混乱

かつて私は神について語るとき、私が意味している神は聖書の神であると人々も理解していると思っていた。すなわち、人格と知性を有し、力があり、宇宙を創造し、支えておられる神である。ところが近頃では、私が「神」ということばで「隙間の神」を指していると考える人が多いようなのだ。「隙間の神」とは私たち人間が作り出した神で、「それは説明できない、だから、それは神のわざだ」というように、理解できていない空白を埋める説明としての神を指す。それは、古代ギリシアの人々が信じていたような神である。ギリシア人は稲妻が生じる仕組みを理解できなかったので、それを説明するために稲妻の神を作り出した。しかし、現代のどの大学ででも大気物理学を少し学べば、そのような神を信じる必要はないことがわかる。しかし、今日、聖書の神は単なる「隙間の神」であって、科学が発達するにつれて、『不思議の国のアリス』でおなじみのチェシャ猫のニヤニヤ顔のように、少しずつ消えていくという考えが広まっている。

ここで理解しておくべき大切なことはこうだ。もし神を隙間の神だと定義するならば、つまり、科学でまだ説明できないことをとりあえず説明する方便として、「X」で代用するのと同じだとするならば、当然、科学を選ぶか、神を選ぶか、ということになる。それは、神をそのように定義してしまったからである。しかし、それは聖書の神ではない。これもまた深刻なカテゴリー錯誤《ミステイク》だ。

古代中東の宗教の世界的権威であるヴェルナー・イェーガーは、古代世界の神々には次のような共通点があると指摘している。神々の起源は、「天と地から出ずるもの」という形式で語られていた。神々は、物質とエネルギーの太古の混沌から作られたものであるから、本質は物質的な神々である。これとは対照的に、イェーガーによれば、聖書の神、ヘブル人の神は天と地を創造したと伝えられている。天と地から生まれ出たのではない。聖書の神は、隙間の神ではない。万物の神である。私たちが宇宙のこの部分やあの部分を理解していようといまいと、全宇宙を手中におさめる神である。聖書を読めばわかるだろうが、創世記の始まりは次のように書かれてはいない。「初めに、神が人間たちのまだ理解できていない部分の宇宙を創造した。」

科学によって理解が深まれば神は締め出されてしまうと信じるのは、とても表面的な考え方だ。ニュートンが万有引力の法則を発見したとき、「さあ、もう万有引力の法則があるから神はいらなくなった」とは言わなかった。彼がしたことは、『自然哲学の数学的諸原理（*Principia Mathematica*）』という、科学史上おそらく最も有名な書物を著すことだった。その書物の中でニュートンは、読者がよく考えるならば、自分が行った計算や観察によって納得して神を信じるだろう、と期待を述べている。

そう、通常ほとんどの場合、美しい工芸品や複雑な工作物について知れば知るほど、作り手の知性を称賛するに違いない。絵画について理解が深まれば深まるほど、レンブラントの才能を称賛するようになる。工学を理解すればするほど、ロールズやロイス〔訳注・ロールス・ロイス社を設立したチャールズ・ロールズとフレディリック・ロイスのこと〕の類いまれな能力を称賛することができる。そして、ニュートンは、宇宙の仕組みをより深く理解するにつれて、宇宙がそのように運行するように創造された神の力を、ますますほめたたえた。

ここで大切な点は、ものごとを説明する上で科学は神と対立するわけではない、ということだ。科学は、神とは異なる、ものごとの側面を説明するのである。この議論にそって、ホーキングの考え方のもう一つの問題点を考えてみたい。

2　科学的説明の本質に関する混乱

ニュートンとホーキングは、引力に関心を持っていたという点で共通している。ニュートンは万有引力の法則を発見し、ホーキングは引力とブラックホールに関する主要な研究を行った。しかし、この二人には決定的な違いがある。これまで見てきたように、ニュートンは、万有引力の法則は、神が宇宙を設計したときに見せた類いまれな能力の証拠だと考えたが、一方、ホーキングは神の存在を否定する理由だとした。

このように考え方が変化していった理由は、ニュートンの発見から三百年以上が経ち、その間に科学が高度に発達したため、神を信じるということがもう意味を持たなくなってしまったからだと考える人が多い。しかし、私はそうは思わない。ホーキングは、万有引力を理由に神を否定しているし、確かにドーキンスなど他にもそういう人々は多いが、その根底には、説明というものの本質に関する重大な誤解がある。

科学は何を説明するのか？

前出の「マチルダおばさんとケーキ」の話からわかるように、科学主義、すなわち、科学は少なくとも原理としてはあらゆることを説明できるという考えは間違っている。ここでもっと綿密にこの問いを考えてみよう。科学はいったい何を説明するのだろうか。たとえば、ここまで引力を問題にしてきたので、こういう質問はどうだろうか。引力の法則は何を説明するのか。「そんなの決まっているじゃないですか、引力の法則は引力を説明するんです」とあなたは答えるだろう。驚くかもしれないが、実際には引力を説明しないのだ！

私は、学生たちに引力の法則を教えるのを楽しみとしてきた。この法則のおかげで、数学的手法によって見事に引力の作用を計算することができ、その結果、ロケットが地球の引力圏を抜けるのに必要な速度を割り出したり、火星に探査機を送るのに必要な計算をしたりできることを教えたものだ。しかし、引力の法則は、引力が実際どんなものなのかは教えてくれない。教えてくれるのは、どのように法則が働くのかだけだ。ニュートンは、引力の本質と作用の違いを理解しており、これと同じことを述べている。

引力の法則は、引力を完全に説明するものではない。科学では多くの場合にそうだ。科学独自の範囲に限ってみても、科学的説明が完璧であることはめったにない。ルードヴィッヒ・ヴィトゲンシュタインは、この点に触れてこう書いている。

> 現代の世界観はすべて、その根底において、いわゆる自然法則を自然現象の説明とする誤りを犯している。……現代の体系のもとではあたかもすべてが説明されるかのように思われている……。[*16]

実際のところ、自然法則は宇宙を記述するのであって、実は何も説明はしない。ここで立ち止まってよく考えてみると、科学的視点からは、自然法則というものがあること自体、奇跡と言える。ノーベル物理学賞を受賞したリチャード・ファインマンは書いている。

それにしても試すべき法則があること自体、奇蹟みたいなものではありませんか。重力の逆二乗の法則のようなルールを発見できるのは、たしかに一種の奇蹟としか言いようがありません。ぜんぜん理解されてはいませんが、これは予測の可能性につながるのです。つまりまだやってもいない実験で何事が起こるかを、前もって知らせてくれると、こういうわけですね。*17

これらの法則が数学的に定式化できるという事実こそ、アインシュタインにとって、絶えず驚嘆の源であり、物理的宇宙を超えてその先に存在するあの「人間よりはるかに優れた霊魂*18」を指し示すものだったのである。

合理的な説明

次にしっかり捉えておきたいことは、何かを科学的に説明することだけが唯一可能な、理にかなった説明とは限らない、ということである。科学的説明と同時に成り立つ説明が複数ある場合もある。

「この水が沸騰しているのはどうして？」と質問したと考えてみよう。ガスの炎から出る熱エネルギーがヤカンの銅の底を通して伝わり、水分子を動かすことによって水が沸騰すると答えることもできるし、私が紅茶を一杯飲みたいからだと答えることもできるだろう。このどちらの説明も同様に合理的だと私たちにはすぐわかる。つまり、どちらもちゃんと意味が通じる。しかし、この二つは非常に異なっている。一番目の説明は科学的なもので、次の説明は個人的な、私の意図や意志や願望を反映したものである。また明らかなのは、両者の説明は矛盾しないし、対立するものでもない。互いに補い合うものなのだ。

さらに、現象を十分に説明するにはどちらも必要なのである。また、議論の余地はあるが、人格を持った何者かの働きかけがあるという観点からの説明は、より重要だろう。人は熱力学のことを知る前から、もう何千年もお茶を楽しんできたのだから！　アリストテレスは、これを何世紀も前に指摘して、質料因（ヤカン、水、ガスなど）と目的因（飲み物を沸かそうという意志）に区別している。

同じように、自動車のエンジンを説明する場合、内燃機関の物理学的な仕組みに触れることもできるが、ヘンリー・フォードが作ったという説明もできる。どちらも合理的な説明であり、ものごとの全体を説明するにはこの両方が必要である。この例を宇宙の説明というレベルにまで拡大してみれば、宇宙の説明に神が科学と争うことはもはやなくなると言えるだろう。ちょうど自動車の説明に、ヘンリー・フォードが科学と争うことがないのと同じく、神は宇宙を創造した当事者だという説明が成り立つ。しかしそれは、神による宇宙創造が科学的説明だという意味ではない。もしアリストテレスが今日生きていたら、この違いがわからない人がなんと多いのかと驚くに違いない。

まとめとして、作家ドロシー・セイヤーズの愉快な比喩を引用してみよう。

> ベートーヴェンの『月光』も、猫が鍵盤の上を歩いて出す連音も、同じ十数個の音符で書き起こすことはできるでしょう。しかし、猫が出す単なる雑音は、ベートーヴェンが実在したことの証明にも反証にもなりません。[*19]

スティーヴン・ホーキングは、そもそも宇宙が存在するのはなぜなのか、無ではなく、何かが存在するのはなぜか、を説明するのに神を持ち出す必要はないと主張する。ホーキングは、科学がその答えを提供してくれると信じている。こう書いている。

> 重力のような法則があるおかげで、……宇宙は無から生成できるのです。[*20]

この引用は科学的に見えるし、確かに科学者が書いたものだが、これは科学的でないばかりでなく、論理学の初歩を知っていればわかるが、合理的でもない。

第一の欠点・自己矛盾

ホーキングは、引用の中で「重力のような法則があるおかげで」すなわち、何かが存在するから、「宇宙は無（何もないところ）から自らを創造できる」と言っているが、これは自己矛盾だ。ホーキングは重力の法則が存在することを前提としている。それは無（何も存在しない）ではない。したがって、ホーキングのこの主張は完全に矛盾している。

第二の欠点・法則は何も創造しない

ホーキングが何と言っているか注意して見てみよう。「重力のような法則があるおかげで……」とある。はじめてこれを読んだとき、ホーキングは「重力があるおかげで……」と言おうとしているに違いないと思った。というのは、もし重力がまず存在しなければ、重力の法則は何を記述するというのだろう。さらに、宇宙を創造したのは、科学者ではないことは言うまでもないが、科学や数理物理学でもない。ところがホーキングは、科学者や科学法則によって宇宙が創造されたと考えているように見える。著書『ホーキング、宇宙を語る――ビッグバンからブラックホールまで』の中で、ホーキングは、宇宙は理論によって創造されうると述べている。

　科学が数学的モデルの構築に用いる普通のやり方では、そのモデルで記述しようとする宇宙がいったいなぜ存在しているのかという疑問には答えようがない。宇宙はなぜ、存在するという面倒なことをするのか？　統一理論には自分自身の存在をもたらすほど大きな強制力があるのか？　それとも創造主が必要なのか？　もしそうだとすれば、創造主は宇宙に何か他の影響も与えるのではなかろうか？[*21]

　理論や物理法則によって宇宙が創造されるという考えは、よくできたものに聞こえるかもしれないが、実は意味をなさない。前に見たように、ニュートンの引力の法則は引力を説明していないし、ましてや引力を生み出すわけではない。事実、物理法則には何も生み出す能力がないばかりか、何かが生じる原因となることもできない。よく知られたニュートンの運動の法則には、玉突きのボール一つも台の上を転がす力はない。ボールが動くのは、突き棒を使ってプレーヤーがボールを打つからだ。法則によって私たちはボールの動きを分析したり、ボールの軌道を（外部からの干渉がないかぎり）[*22]予測したりすることはできるが、法則にはボールを動かす力はないし、ましてやボールを生み出すことなどできないのである。

しかし、有名な物理学者のポール・デイヴィスは、ホーキングに賛同しているようだ。

宇宙や生命の起源に超自然的な何かを持ち出す必要はない。神を持ち出す考え方は好きになれないのだ。数理法則はとても精巧なので、宇宙や生命などを誕生させることができると信じるほうが、私の想像力を刺激してくれる。[*23]

引用のついでに、この中に出ている、「好きになれない……信じるほうが、私の想像力を刺激してくれる」という、科学的とは言えない表現に注意しておいてほしい。それはさておき、数理法則が宇宙や生命を誕生させることができると言うが、私たちの生きている現実世界では「一＋一＝二」といった、とても初歩的な計算法則でさえ、それ自体は何も生み出すことはできない。当たり前だが、計算法則のおかげで自分の銀行の口座にお金が入ったという人はいない。銀行にまず一〇〇ポンド入金して、その後もう一〇〇ポンド入金したら、銀行口座に二〇〇ポンドあるのはなぜかを、計算法則は合理的に説明してくれる。しかし、一銭も銀行に入れずに、計算法則がお金を作り出すのをあてにしていても、一文無しのままだろう。計算法則が「精巧」だからといって、存在しないものを生み出すことができるわけではない。すでに存在するものを対象にして、計算することしかできないのである。

C・S・ルイスは何十年も前に、この点を見抜いていた。自然法則について、ルイスはこう書いている。

すべての出来事が――出来事さえ起こりさえしたら――順応しなければならない方式を述べているのである。それはちょうど、算数の規則は、金に関する一切の取引が――人が金を手に入れさえしたら――順応しなければならない方式を述べているのと同様である。……すべての法則は結局のところ、「もしAが与えられているなら、Bという結果が生ずるであろう」と述べるだけだからである。だが、われわれは、まずそのAを捕えなければならぬ。*24

精巧な数理法則が自力で宇宙や生命を生み出すという世界は、まったくの（サイエンス）フィクションだ。理論や法則は、物質もエネルギーも生み出すことはできない。それでもどのようなわけか生み出す能力がある、という考えは、かなり苦しい逃げ口上のように思える。（そして、逃げ口上以外のものとは言えそうにない。）何から逃げるのかといえば、先述のホーキングの引用にあった「それとも創造主が必要なのか？」という問いが暗示する別の可能性からである。

第三の欠点・自然発生的創造には一貫性がない

最後に、「宇宙は無から自らを創造できる」というホーキングの主張は無意味である。もし「XはYを創造する」と言ったら、Xが存在することがYを生み出す前提となる。もし「XはXを創造する」と言えば、Xの存在を説明するために、Xが存在することを前提としていることになってしまう。宇宙の存在を説明するために、宇宙が存在することを前提とするのは、論理の一貫性がない。

この例から、いくら世界的に著名な科学者が書いたとしても、ナンセンスな主張はナンセンスでしかないことは明らかだ。

ホーキングは、「なぜものごとが存在し、無ではないのか」という核心的な問いに答えることに大失敗している。引力の存在は、宇宙の創造が不可避であったことを意味するとホーキングは言う。しかし、そもそもどうやって引力は存在するようになったのか。引力創造の背後にある力は何だったのか。数学的に記述できる性質と力を備えた引力を存在させたのは誰なのか。同様に、自然発生的な創造という自身の仮説の裏付けとして、「宇宙創造の導火線」が点火すればいいとホーキングは言うが、私はこう問いたくなってしまう。導火線はどこから生じるのか。それによって宇宙の創造が始まるのなら、導火線が宇宙の一部であるはずはない。それから、点火したのが神でないのなら誰なのか。
アラン・サンデージは、現代天文学の父と広くみなされ、クエーサー〔訳注・銀河の中心に存在する活動的な超大質量ブラックホール〕を発見し、天文学のノーベル賞と言われるクラフォード賞を受賞しているが、確信をもってこう述べている。

私には、そのような秩序が混沌から生じたとはとても考えにくいことだ。何らかの組織化を促す原理がなければならない。神は、私にとって神秘ではあるが、存在という奇跡――なぜ無ではなくものごとが存在するのか――を説明してくれる。[*25]

自然の背後に神の知性が存在する明らかな証拠を退けようと、無神論を信じる科学者たちは、物質・エネルギー、自然法則などが宇宙創造の動力源だと、ますます不確かな考えに自らを追い込んでいる。無神論が答えを出せないのははっきりしている。

創造者を創造したのは誰だ？

大抵の場合、議論がこの段階まで来ると、次のような質問が出てくる。「神が宇宙を創造したというなら、論理的に、その神を誰が創造したのかという疑問が当然生じます。そうなると、神を信じるなどバカげたことになりませんか?」　ドーキンスは『神は妄想である——宗教との決別』の中で、次のように述べて、神を否定する主な理由としてこの論法を用いている。

組織化された複雑さを説明するのに設計者《デザイナー》としての神は使えない。なぜなら、何かを設計できるいかなる神も、それ自体が同じ種類の説明を要求するほどに十分複雑でなければならないからである。*26

これは次のように言うようなものだ。「著書『神は妄想である』の組織化された複雑さを説明するのに著者としてのリチャード・ドーキンスは使えない。なぜなら、この本を作る能力のあるいかなる者も、それ自身が同じ種類の説明を要求するほどに十分複雑でなければならないからである。」

いずれにせよ、もし誰または何が神を創造したのかと問うのならば、前提になっているのは何なのかをはっきりさせておく必要がある。ここで、神は創造されたと前提しているのではないだろうか。しかし、神は創造されたのでないとしたらどうか。だとすれば、この問い自体に意味がなくなってしまう。そして、この問題は重大である。というのは、聖書によれば神は永遠に存在し、誰にも造られたのではないとされているからである。したがって、この問いは神には当てはまらないことになり、まして神の存在や神を信じる人々の信仰を脅かすことにはならない。思うのだが、もしリチャード・ドーキンスの著書が『造られた神は妄想である』というタイトルだったら、誰も本を買わなかっただろう。というのは、造られた神は――通常偶像と呼ばれるのだが――妄想であることは誰にでもわかるからだ。これなら、キリスト教の全歴史にわたる伝統にそっても、喜んで賛同できる意見だ。

たしかに、ドーキンスの主張が当てはまるのは作られたものに対してである。しかし、不十分である。なぜなら、それは彼が考える宇宙にしか当てはまらないからだ。もしドーキンスが（「誰が神を創造したのか」を問う必要があるので）神では説明にならないとあくまで主張するなら、同じ理屈で、つまり、宇宙が存在するようになったのは何が原因かを説明しないかぎり、彼が主張する宇宙成立の理由も説明にはならない。なので、私は討論会《ディベート》で彼にこう尋ねた。

「あなたは、宇宙が自分という人間を創造したと信じるという。では、あなたの創造者である宇宙を創造したのは誰ですか。」

私は、もう十年以上も答えを待っているが、まだ何も届いていない。

第3章　俗説を正すI

宗教は信仰を土台とするが、科学はそうではない

神を信じる人々にうんざりするのは信者だからだ、という話をよく聞く。つまり、信仰を持っていることが問題らしい。科学は信仰を必要としないからはるかに優れている。なるほど。だが、これ以上の思い違いはない。

米国プリンストン大学教授のピーター・シンガーとのやりとりを紹介させてほしい。シンガーは世界的に有名な倫理学者であり、無神論者である。彼と私は、シンガーの故郷、オーストラリアのメルボルンで討論会《ディベート》に臨んだ。テーマは神の存在についてである。冒頭の意見陳述で、私は前章に書いたように、北アイルランド出身で両親はクリスチャンだという自分の生い立ちを聴衆に語った。

これに対し、シンガーは言った。「私が宗教に反対なのは、これなんだ。人々は自分が育て

られたときの信仰を受け継ぐ傾向がある。私にとって、宗教は単に遺伝と環境の結果にすぎず、真理に関わる事柄ではない。」私は言った。「ピーター、一つ質問してもいいかな。きみの両親も無神論者だったのかい？」

「母は確かに無神論者だった。父はおそらく不可知論寄りだったね」とシンガーは答えた。

「ということは、きみもご両親の信仰を引き継いだんだね。私のように」と私は言った。

「私の考えでは、それは信仰ではないよ」とシンガー。

「もちろん信仰だよ。きみは無神論を信じていないのかい？」と私は返した。

会場に大きな笑いが起こった。

それだけでなく、後でわかったことなのだが、インターネット上では次のような質問で盛り上がっていた。ピーター・シンガーは有名な哲学者なのに、自分の無神論が信念体系であることがわかっていないのか。シンガーは、天文学者アラン・サンデージのような人々のことを聞いたことがないのか。サンデージは、神の存在の証拠に確信を抱くようになり、晩年にキリスト教信仰に回心した人物だ。

信仰とは？

無神論の指導的立場にある人々の中にも、シンガーと同じように信仰について思い違いをしている人が多い。そのため、同じくらい筋の通らない意見を出す人がいる。「無神論者は信仰をもたない[*27]」とリチャード・ドーキンスは言う。しかし、彼の著書『神は妄想である』に書かれていることはすべて、ドーキンスの信じていること、すなわち、彼の無神論哲学となっている自然主義に関することだ。ドーキンスは、自然主義哲学に対する絶大な信仰を持っている（信じている）のである。ドーキンスやシンガーの考えでは、信仰とは宗教的概念であり、根拠がないと知っているのに信じることだ。これは大きな誤りである。信仰は一般的な概念であるのに、ドーキンスやシンガーはしばしばこのような特殊な使い方をして馬脚をあらわしているのだ。

『オックスフォード英語辞典』によれば、「信仰」という語はラテン語の「フィデス（fides）」に由来し、「忠誠」や「信頼」を意味する。そして、少しでも常識があるならば、普通、証拠もなく事実を受け入れたり、人を信用したりすることはない。要するに、通常、信仰を働かせるとは、十分な理由があって、証拠や根拠に基づいて判断や選択をすることを言う。銀行の担当者に信用してもらうにはどうするかとか、何を根拠にバスや航空機に乗るか／乗らないかを判断するかを考えてみればいいだろう。

根拠もなく信じることは、普通、盲信と呼ばれる。どの宗教でも、盲目的に信じて追従する人々がいるのは否定できない。盲信が非常に危険なものになりかねないことは、九・一一同時多発テロを見ればわかるだろう。私には他の宗教を代弁することはできないが、クリスチャンが持つべきとされる信仰が盲目的でないことは確かだ。もし盲目的だったら、キリスト教の信仰に私は興味を持たないだろう。

福音書記者のヨハネは書いている。

「イエスは弟子たちの前で、ほかにも多くのしるしを行われたが、それらはこの書には書かれていない。これらのことが書かれたのは、イエスが神の子キリストであることを、あなたがたが信じるためであり、また信じて、イエスの名によっていのちを得るためである。」

（新約聖書・ヨハネの福音書二〇章三〇～三一節）

ヨハネが述べているのは、自らが記したイエスの生涯の記録にはキリストへの信仰の土台となる、目撃者の証言も含まれているということである。実際、各福音書の記述の多くが、目撃者の証言に基づいていることは確かだろう。[*28]

無神論者に信仰はあるのか？

信仰の本来の意味を取り違えてしまうと、また別の重大な誤ちを犯してしまうことが多い。無神論も科学も、信仰とは無関係だと考えてしまうのである。しかし、皮肉なことだが、無神論は信念体系であり、科学も信仰なしには成り立たない。

物理学者のポール・デイヴィスは、正しい科学者の姿勢には、その根本に神学に通じるものがあると、次のような表現で述べている。「科学者が本質において神学的な世界観を採用してはじめて、科学の進歩は可能になる。」そしてこう指摘する。「もっとも無神論的な考えの科学者であっても信仰の行為として次のことを認めている。すなわち、自然界には法則性のある秩序が存在するので、完璧ではないにしても自然は私たちに理解可能だという信念である」[*29]（傍点著者）。アルバート・アインシュタインには、次のような有名な言葉がある。

「科学は、真理と理解に到達したいという憧れで心が染まった人々でなければ作り出せない。この憧れの感情は、しかしながら、宗教を源として湧き出てくる。また、この源から信仰も生じる。それは、この世界に当てはまる規則性は合理的である、すなわち、理性によって理解することが可能であるという信仰である。このような深淵な信仰を持たない科学者を想像することは、私にはできない。宗教なき科学は不完全であり、科学なき宗教は盲目である。[*30]」（傍点著者）

この引用から、アインシュタインは、信仰というものはすべて盲信だというドーキンスの妄想に感染していないことがわかる。アインシュタインは、宇宙が理性によって理解可能な存在であるという「深淵な信仰」を科学者は持っていると語っている。彼には、そのような信仰を持たない科学者など想像できないことなのだった。例をあげれば、科学者たちは、電子が存在することや、アインシュタインの相対性理論が成立することを信じている（＝信仰を持っている）。それは、観測と実験に基づく証拠によって裏づけられるからだ。

ケンブリッジ大学時代、私が量子力学を教わった、ジョン・ポーキングホーン教授はこう書いている。「物理学は、宇宙が数学的に理解可能であるという信仰（彼は明示的にこの語を使っている）を説明することについては無力である。[*31]」その理由は明白で、宇宙が理解可能であることをまず受け入れなければ、物理学は始まらないのである。

宇宙は理性によって理解できると信じられるから科学研究ができるのだが、そうすると、科学者たちは、その信仰の拠りどころをどこに求めるのだろうか。まず押さえたいことは、人間の理性が宇宙を創造したのではない、ということだ。この点はあまりに当たり前なので、一見些細なことと思えるかもしれない。しかし実は、私たち自身の認知能力にどのくらい信頼をおけるのかを考える上で、このことは根本的に重要な意味を持つ。私たちは宇宙を創造していないだけでなく、自分たちが持つ理性の力を作り出してもいない。理性は、使えば使うだけ伸ばすことができるが、そのもとは私たちが生み出したのではない。では、どういうことなのだろうか、私たちの小さな頭でこの現実世界をほぼ正しく説明できるのは。数学者が導き出した数式が宇宙の仕組みとうまく一致するのは、どういうわけなのだろう。

まさにこの疑問について、アインシュタインは次のように言っている。「宇宙について最も理解しがたいことは、それが理解可能だということである。」同様に、ノーベル賞を受賞した物理学者のユージン・ウィグナーはかつて、「自然科学における数学の不合理な有効性」[*32]と題する有名な論文を発表した。しかし、数学の有効性が理屈に合わないのは単に無神論の視点をとるからなのだ。聖書的な視点からは、この有効性は、次の聖書のことばとまったく矛盾しない。

「初めにことばがあった。……ことばは神であった。……すべてのものは、この方によって造られた。」

（新約聖書・ヨハネの福音書一章一、三節）

私は同僚の科学者たちと会話をしているときに、こう尋ねることがある。「きみは何を使って科学研究をするんだい？」

「自分の知性さ」とある人は答え、知性とは脳だと考える人は、「自分の脳だよ」と答える。

「じゃあ、きみの脳のことを話してくれるかい？　その脳はどうやって生じたんだい？」

「自然の意図や知性によらない、無作為なプロセスによってだろ。」

「それじゃあ、どうしてそのようなものが信用できるのかな？　もしきみのコンピュータが知性によらない、無作為なプロセスによって作られたとしたら、それを信用するのかね？」と私は尋ねる。

「そんなことは絶対しないよ」という返事が返ってくる。

「そうなるとこれは問題だよ、明らかに。」

しばらく何か考えているような沈黙のあと、こうやって質問されることがある。「そんな考えをどこから仕入れてきたんだい？」　その答えを聞くと、みんな相当驚くのだが、それはチャールズ・ダーウィンなのだ。ダーウィンは書いている。

私の中には、いつも恐ろしい疑いが浮かび上がってくる。人間の知性は、より下等な動物の知性から発達したものだが、人間に知性があると確信することに何らかの価値があるのか、あるいははたして信用できるのか。[*33]

この引用の土台になっている論理の流れにそって、物理学者のジョン・ポーキングホーンは、もし心的なものを物質と化学反応に還元してしまったら、意味というものは破壊されてしまうと述べている。どうしてだろうか。

思考は電子化学的神経現象にとって代わられてしまいますが、そのような現象どうしが理性的な会話で向き合うことはありえません。神経現象は、正しいとか間違っているということもありません。ただ、起こるだけです。……理性的な話のできる世界は崩壊して、火花を散らす神経組織の意味もない声だけになってしまいます。率直に言って、そのようなことは正しいわけはありませんし、誰も信じていないことです。[*34]

ポーキングホーンはクリスチャンだが、著名な無神論者の中にも問題に気づいている人はいる。ジョン・グレイは書いている。

現代のヒューマニズムは、人間は科学をつうじて真理を知り、自由を手にするという信仰である。しかし、ダーウィンの自然淘汰説が正しいとしたら、これはありえない。人間の頭脳は進化を助けるかもしれないが、ひたすら真理を求めるようにはできていないからだ。そんなことはない、と考えるのは、人間の他のいかなる動物ともちがうというダーウィン以前の誤謬を蒸し返すことでしかない。*35

もう一人、こちらも第一線の哲学者であるトマス・ネーゲルも同じ考えである。彼の著書『*Mind and Cosmos*（未邦訳・知性と宇宙）』には、『新ダーウィン主義の自然概念がほぼ確実に誤りなのはなぜか』という挑発的な副題がついている。ネーゲルは、「私は、神には存在してもらいたくない」と率直に表明するほどの強硬な無神論者だ。それなのに、こうも書いている。

もし心的なものそれ自体が単なる物質で成り立っていないのなら、物質科学によって完全に説明することはできない。進化論的自然主義〔訳注・ダーウィンの進化論に基づき、生命と精神は（超自然的要素を含まない）自然進化によって生成されるとする考え〕が暗示していることとは、我々にとっての確かな知識を何も真剣に受け止めるべきではないということだ。その知識には、進化論的自然主義が拠りどころとする科学的な世界像も含まれるのだ。[*36]

つまり、自然主義、そして、その延長線上にある無神論は、科学的な議論はもとより、あらゆる類いの議論を組み立てたり、理解したり、信じたりするのに必要な理性そのものの基盤を揺るがしているのだ。無神論は自己矛盾を孕んだ妄想のように聞こえてくる。まさに「矛盾する強力な証拠を前にしても固執する誤った信念」ではないか。

もちろん、私はキリスト教が真理だと信じているので無神論を否定するのだが、否定するもう一つの理由は、私が科学者だからである。科学研究には理性が欠かせない。その理性という基盤を蝕む世界観に対して、好感を持てるだろうか。科学と神は実にうまく調和する。調和しないのは、科学と無神論のほうなのである。

単純性と複雑性

科学と無神論の問題のもう一つの別の見方は、「説明」というものをあらためて考えてみることだ。科学ではしばしば、妥当な説明とは複雑な事象をより単純な事象によって説明することだと教えられる。このような説明の仕方は「還元主義的」な説明と呼ばれ、多くの分野で成功している。たとえば、水は複雑な分子で、より単純な元素である水素と酸素からできている。ところが、還元主義はどのような場合にも通用するわけではない。事実、まったく通用しない場合がある。たとえば、メニューに印刷されたことばが十分に意味をなす説明になるためには、紙とインク以上にもっと複雑なものの働きがなければならない。そこには、メニューを考え出した人の驚くほど複雑な知性があるはずである。だから、私たちはメニューに書かれた説明が実によく理解できるのだ。紙とインクを作り、印刷を行う工程がいかに自動化されていても、そこにはメニューをデザインした誰かの手が入っているのだ。

要するに、言語のような情報が含まれたものに出合うと、そこには知性が働いたはずに違いないと私たちは考えるのである。

現在、ＤＮＡは情報を格納する高分子〔訳注・分子量が非常に大きい分子〕であることがわかっている。ヒトゲノム〔訳注・ゲノムとは、ＤＮＡのすべての遺伝情報〕は、わずか四文字からなる化学的なアルファベットで書かれている。その長さは三十億文字にも及び、遺伝情報を伝えている。その意味では、ゲノムはこれまで発見された中で最も長い「ことば（word）」である。印刷された、意味を持つメニューが、知性のない自然の過程を経て出来上がるのではなく、知性の投入が必要だとすれば、ヒトゲノムについては何が言えるだろうか。ヒトゲノム以上に、説得力をもって知性の起源、すなわち神の知性を指し示しているものがあるだろうか。

無神論哲学は、物質／エネルギー（あるいは、最近では「無」）を出発点とし、自然の過程と自然法則がどこから生じたかはともかく、それらによって無から宇宙や生物圏や人類など存在するすべてが作られたと主張する。この主張を理解しようとしたら、私の理性は崩壊してしまうだろう。特に、次のような聖書の世界観と比べればなおさらだ。

「初めにことばがあった。……ことばは神であった。……すべてのものは、この方によって造られた。」

（新約聖書・ヨハネの福音書一章一、三節）

このキリスト教世界観は、ひとつには、自然法則を導き出し、それを数学という言語を用いて記述できるという事実に呼応し、さらに、遺伝情報がＤＮＡの中に記号化されているという発見とも合致する。科学が明らかにしてきたことは、私たちの住む宇宙は、ことばを土台としており、理性によって、宇宙に関する知識を獲得してきたということなのである。

Ｃ・Ｓ・ルイスはこの点を指摘して、「人間の理性が有効でなかったら、どの科学も真実ではありえない」と述べている。究極の現実が物質的なものでなく、私たちが世界を理解する際にこの考えを取り入れもしなかったら、もっとも重要な事実を見逃すことになってしまう。それにもかかわらず、超自然的次元は忘れ去られただけでなく、多くの人々によって価値がないと排除されてしまっている。ルイスはこう述べている。

自然主義者たちは自然について考えることに専念してきた。彼らは自分は考えているのだという事実に留意したことがない。これに留意しさえすれば、ただちに、自分の思考は単に自然の出来事ではなく、従って、自然以外の何ものかが存在する、ということが明らかになるはずである。[*37]

科学は、超自然的存在を排除できないばかりか、科学の営みを含むあらゆる理性的な活動そのものが超自然的存在を認めている。したがって、理性に信頼をおくことの根拠となるのは聖書であって、無神論ではない。これは、多くの人々の考え方とはまったく逆の考え方だ。

第4章　俗説を正すⅡ

科学は理性の上に成り立っているが、キリスト教はそうではない

前章で俗説として取り上げた、よくある反論を裏返して言えば、「科学は理性の上に成り立っているが、神を信じることはそうではない」ということになる。この説は、前章のテーマと同じくらい幅広く信じられているが、同様に完全に誤りなのである。前章に続いてこの章でも、私はキリスト教に限って論じようと思う。知性が持つ権威を疑ったり、無視したりしようとする宗教があるのも確かである。聖書を信仰の土台とするキリスト教は、信者の中にはそういう誤った考えの人もいないことはないが、知性を敵視する宗教ではない。

そもそも科学とは何か？

読者の中には気づいた人もいると思うが、ここまで、科学とは実際何なのかを述べないまま、いろいろ論じてきた。ここでそれを明らかにするのがよいだろう。と言ったものの、実は、科学はそれほど容易に定義できるものではない。特に哲学者が話に入ってくると、簡単にはいかない。しかし、ここでは科学に当てはまるいくつかの特徴を挙げることくらいはできるだろう。

一九世紀までは、今日「科学（science）」と呼ぶものを表すには、「自然哲学（natural philosophy）」という用語が使われていた。言語上の意味は、単に「自然についての知恵を愛すること」を意味する。したがって、科学とは自然界について考えるための方法であり、私たちが学校で習ったように、現象を観察し、その仕組みの説明を求め、実験によってそれを確かめることを指し、長い歴史がある。事実、科学的方法を最初に実践した人は、紀元前四世紀（今からほぼ二千四百年前）のアリストテレスだという説もある。[*38] アリストテレスは、さまざまな生物を観察したことで有名で、生物学の父と呼ぶ人も多い。

一方で、アリストテレスも自身の師であったプラトンと同じく、実証的な観察よりもむしろ哲学的原理から自然界について論じることを優先したこともあり、それによって科学的思考から外れてしまったことも幾度かある。たとえば、物体を落とした場合、重量の大きいもののほうが小さいものより早く地上に落下すると考えたと言われている。ガリレオがこの考えに挑戦し、巧みな実験を考案して、アリストテレスの誤りを明らかにしたことはよく知られている。ガリレオは、傾斜のある板の上で球を転がして、球が転がる距離は転がっている時間の二乗に比例するが、球の質量とは関係がないことを発見した。この実験によって、質量の異なる物体は落下する速度が異なるという仮説（これも科学で重要な用語だ）を反証した。

この史実から、アリストテレスのように優れた頭脳の持ち主でも誤りを犯すことがあるということがわかる。加えて、科学は一歩ずつ前進する人間の営みだということもわかる。少しずつ成功を積み上げていくものであって、進歩したりしなかったり不規則なものだが、とても素晴らしいものでもある。

科学的方法

さて、ものごとを観察し、説明を考え出し、それを確かめるという手法は、科学だけに限った思考法ではない。これは、誰もがみなよく行っている思考法なのである。新しい自転車を買いたいと思っているとしよう。まず道を走っている自転車や、雑誌やインターネットに出ている自転車をたくさん観察し、次に価格を比較する。とても高価なものがあれば、どうしてそんなに高いのか、その理由を探るだろう。フレームがチタン製だとか、ハイテクの電子装置が装着されているとか。もっと調べると、はじめは見落としていたものに気がつくこともある。いくつか候補を絞り、実際に試し乗りをして、自分の希望に合うかどうか確かめる。こうしたことをすべて行った後、大切なお金を渡して、夕陽に向かって楽しく自転車を漕いでいくのである。

こういった作業は、常識にのっとった合理的な考え方だが、科学者が研究をする際に非常によく使う思考法でもある。重要な点は、科学的な思考は合理的である（あるいは、合理的であるべきだ）が、決して合理的な考え方は科学に限定されるわけではない、ということだ。

読者の中には、これから述べることに驚く人もいるかもしれないが、驚かないでほしい。実は、このような合理的な考え方は聖書のいたるところに見られる。イエスが最も大切な戒めは何かと問われたとき、その答えは、「心を尽くし、いのちを尽くし、知性を尽くし、力を尽くして、あなたの神、主を愛しなさい」であった（新約聖書・マルコの福音書一二章三〇節）。この中に「知性」が入っていることに着目してほしい。神は理性に敵対する方ではない。神は、知性（理性）を用いるようにと、私たちに強く促している。知性を用いて、神のことだけでなく、私たちの住む自然界についても考えるようにと。ケンブリッジ大学の有名なキャヴェンデイッシュ物理学研究所の門扉には、ジェームズ・クラーク・マックスウェル卿が選んだとされる詩篇一一一篇のみことばが刻まれている。

「主のみわざは偉大。
それを喜ぶすべての人に　尋ね求められるもの。」　（旧約聖書・詩篇一一一篇二節）

この旧約聖書の詩の一節は、科学的探求を肯定的に命じている。すなわち、自然の中に喜びを見いだし、その不思議さを思い、自然がどのように成り立っているのかを発見しなさいと。また、旧約聖書の別の書「ヨブ記」には、ヨブが自然界のことを十分に知らないといって、神がヨブに強く迫る場面が章全体にわたって書かれているところがある。少し見てみよう。

「主は嵐の中からヨブに答えられた。
知識もなしに言い分を述べて、摂理を暗くするこの者はだれか。
さあ、あなたは勇士のように腰に帯を締めよ。
わたしはあなたに尋ねる。わたしに示せ。
わたしが地の基を定めたとき、あなたはどこにいたのか。

分かっているなら、告げてみよ。
あなたは知っているはずだ。
だれがその大きさを定め、だれがその上に測り縄を張ったかを。
その台座は何の上にはめ込まれたのか。あるいは、その要の石はだれが据えたのか。
明けの星々がともに喜び歌い、神の子たちがみな喜び叫んだときに。
海が噴き出て、胎内から流れ出たとき、だれが戸でこれを閉じ込めたのか。
そのとき、わたしは雲をその衣とし、暗黒をその産衣とした。
わたしは、これを区切って境を定め、かんぬきと戸を設けて、言った。
『ここまでは来てもよい。
しかし、これ以上はいけない。おまえの高ぶる波はここでとどまれ』と。」
（旧約聖書・ヨブ記三八章一～一一節）

ヨブ記にはこのような場面がまだある。それらの章には、科学者が問うような自然とその仕組みについての、興味の尽きない数々の問いがあふれている。宇宙に関する問いもある。「あなたは天の掟を知っているか。地にその法則を立てることができるか」（同三八章三三節）。動物の行動に関する問いもある。「あなたは岩間の野やぎが子を産む時を知っているか。雌鹿が子を産むのを見守ったことがあるか。あなたはこれらがはらんでいる月を、数えることができるか。それらが子を産む時を知っているか」（同三九章一～二節）。

このような問いに答えるには、自然を観察したり数や時間を計算したりする必要がある。まさに科学が求められているのだ。さらに、聖書の最初の書である創世記には、神がアダムに、生き物に名前をつけるように命じる場面が出てくる（旧約聖書・創世記二章一九節）。分類すること、すなわち、ものごとに名前をつけることは、実に多種多様な分野で行われている科学の基本となる作業だ。神ご自身がいろいろなものに名前をつけたと記されている同じ書（創世記一章五～一〇節参照）の中で、生き物に名前をつけるようにと私たち人間が命じられていることには、非常に重要な意味があり、人間が存在する目的を知ることができる。そのひとつは、創造された世界を探り、世界を構成するそれぞれのものごとに名前をつけて、さらに詳細に、そして高度に探求を深めるということだ。このように、聖書は科学的な探求を私たちに命じているのだ。

対照試験

科学を通して、私たちも馴染んでいるものの一つに対照試験がある。これは医学分野でよく使われている。統計分析に基づいて、薬品XはYという病気の治療に効果があることが明らかになったという情報にしばしば接する。私の知るかぎり、文献に現れる最初の対照試験は、旧約聖書のダニエル書一章に記録されている。紀元前六世紀ごろ、エルサレムがバビロンに包囲され、ダニエルと友人たちはバビロンの王、ネブカデネツァルに捕えられた。

四人の若者たちは、現代の国立大学に相当する学校に在籍し、そこで三年間、王に仕えるための教育を受けていた。すべての費用は王の支出であった。特に、この若者たちには王の食卓からごちそうが与えられていた。ダニエルは、食事の件で世話役の長（今で言う、学生部長）に申し立てをした。ダニエルは、ごちそうやぶどう酒で身を汚すまいと心に定めていたのである。それは、王の食卓に並ぶものが、異教の神に捧げられていたことはほぼ確実だったからだ。ダニエルは、自分たち四人に野菜だけを食べさせてくれるように世話役に願い出た。世話役の長は驚いて、ダニエルに言った。もし王さまがダニエルたちに元気がないのを見たら、自分は罰せられる、もしかすると首をはねられるかもしれない。この弁解から、世話役の長はダニエルのことを気に入っていて、その望みを聞いてやろうとしていることがわかる。

そこでダニエルは、自分たち四人を密かに十日間試して、それから世話役の見るところに従って判断してほしいと申し出た。つまり、ダニエルは客観的な証拠を示すことを提案したのである。世話役はこの申し出を聞き入れた。そして十日間試した後、四人の若者は、学校の他のどの若者たちよりもずっと顔色がよく、健康的であった。これによって、世話役の長は必要な証拠を手にしたため、続けてダニエルたちの希望を聞き入れることにした。

これは、対照試験に基づいて意志決定がなされたという古代の例であり、まさに科学の核心部分の例である。聖書は科学で用いられる思考法とは無縁だと言う人がいるが、そこからわかることは、そういう人はキリスト教の聖典に疎いということである。

ダニエルが申し出た科学的な実験は、王の食卓の肉か野菜かという、異なる二種類の食べ物を判別するためのものだった。しかし、聖書にはまた、自然現象と超自然現象を科学的に識別しようとした事件の記録がある。旧約聖書のサムエル記第一、六章に記されているもので、ペリシテ人は、イスラエルから契約の箱（神の箱）を奪ったが、その箱がペリシテ人を悩ませる病に関係していると考えたため、イスラエルに送り返すことに決めたいきさつがそれである。ペリシテ人は、祭司たちから専門的な助言を求めた。祭司たちの助言はこうであった。出産したばかりの二頭の雌牛に車をつなぎ、契約の箱（木製の箱）をそれに載せる。雌牛から子牛を引き離して、車を行くがままにさせる。もし車がイスラエルの地に戻って行けば、ペリシテ人を苦しめたのは確かにイスラエルの神であったと判断することができる。

祭司たちの考え方は、動物学で基礎となる観察に基づいている。子牛と母牛の間には非常に強い母性本能による絆がある。ペリシテ人の指導者たちの考えによれば、もし二頭の母牛が子牛を見捨てて、子牛とは反対方向にあるイスラエルの幕屋に向かう道を行くとすれば、本能という強い自然の力に反する行動であり、したがってきわめて不自然なこととなる。そうなると、超自然的な力が働いたと結論することにも合理性がある。サムエル記の次の文章は注目に値する。「雌牛は、ベテ・シェメシュへの道、一本の大路をまっすぐに進んだ。鳴きながら進み続け、右にも左にもそれなかった」（旧約聖書・サムエル記第一、六章一二節）。牛が鳴きながら進んだのは、おそらく、自分たちの本能に逆らってそうさせられていることを、牛たちが何らかのかたちで知覚していたことのしるしだろう。

自然と超自然

さて、ある説明が科学的と認められるには、物理的過程という自然法則による説明でなければならないと言う人がいる。たとえば、地震の説明として地殻プレートの運動がある。つまり、そう主張する人が考える科学の定義には、自然現象の過程として言い表せる説明しか含まれないのである。

この定義にそって契約の箱を運んだ牛の出来事を考えると、超自然的な説明は科学的ではない、ということになるだろう。だからといって、合理的な説明ではないとか、正しくないとは言えない（それにもかかわらず、そう言う人は多い）。これは、文句なく合理的な説明だ。思い出してほしいのだが、人間に理性があること自体が、超自然的次元があることの証拠なのだ。

先ほど述べた牛の出来事が表しているのは何だろうか。科学を自然法則に基づく説明だけに限定したとしても、科学によって、超自然現象があるという証拠を示すことができる。それは、自然現象として説明できないと示す場合だ。別の言い方をすれば、自然のプロセスによって説明ができないからそれで終わりとはならない場合がある、ということだ。私たちは、証拠の示すところに従って考えを進める心構えをしておかなければならない。たとえ、それが超自然的な次元に入って行くことになってもである。科学はあらゆる疑問に答えることができるわけではないのだから。

このような考え方の現在進行形の例として、哲学者のアントニー・フルー教授の例を取り上げてみよう。教授は長年無神論者だったが、晩年になって神の存在を認めるようになった。彼は、五十年以上経ってからの自身のこの変化を、次のように説明している。生物学者たちは、「DNAを調べた結果、生命が生じるのは、ほとんど信じられないほど複雑な組み合わせによることを明らかにした。それは、知性が働いているに違いないことを示している。私の全生涯は、プラトンの〈書き伝えている〉ソクラテスの『あくまでも証拠の示すところにそって』という原則に従ってきた。」それを好まない人がいても、「それはそれで仕方がない」とフルーは語っている。[*39]

フルーは正しい。証拠の示すところに従うという原則は、きわめて重要である。これは、自然法則に基づくプロセスとしてとらえる狭義の科学的な説明の域を出ることになるかもしれないが、合理的な説明の域から出てしまうわけではない。この原則に従うことによって、結果的に正しい説明に到達できる場合もあるのだ！[*40]　このような姿勢からはっきり言えることは、ハーバード大学の世界的に有名な遺伝学者、リチャード・レウォンティンが表明した見解は否定されるということだ。彼はこう書いている。

常識に反する科学的主張を積極的に受け入れようとする姿勢が、科学と超自然的存在の間にある本当の争いを理解する鍵となる。我々は科学の側を支持する。その中に誰の目にも明らかにばかげた構成概念があったとしても、……真実だという裏付けのないもっともらしい物語を科学者のコミュニティが容認していたとしてもだ。なぜなら、我々はもともと唯物主義を……信奉しているからだ。科学的方法と科学研究機関によって現象世界に関する唯物論的説明を受け入れることを、どういうわけか余儀なくされているのではなく、むしろ逆に、私たちは物質的原因という考えをア・プリオリ（先験的）に前提としているので、唯物論的説明を可能にする観測装置や概念を作り出さなければならないのである。

それがどんなに直感に反するものであったり、十分知識のない人にとってどんなに神秘的であっても関係はない。さらに、この唯物主義は絶対である。というのは、私たちは神を私たちの領域に入れるわけにいかないからである。[*41]

確かに率直に述べているが合理的ではない。これは、理不尽な偏見を表明したもので、筋道立てて考える人に値しないし、ましてや科学者に値しないものだ。私が次のように言ったら、みんなどう思うか考えてみてほしい。「私は聖書の立場を支持します。その中に、誰の目にも明らかにばかげた構成概念があったとしても、……真実だという裏づけのないもっともらしい物語を、聖書を信じる人々が容認していたとしてもです。……なぜなら、私ははじめから有神論を信奉していますから。」私は、軽蔑の目で嘲笑されるだけだろうし、そうなって当然だ。[*42]

聖書が神といのちに関する真理を語っていると信じるために、今述べたような考え方をする必要はない。実際、新約聖書を読んでいけば、証拠の示すところに従うという合理的原則によって、私たちにはキリスト教信仰が真理であると信じられるのである。というのは、科学の中に見られる信仰が証拠に基づくものであるのと同様に、キリスト教も証拠に基づく信仰だからである。使徒ヨハネの記述をもう一度見てみよう。

「イエスは弟子たちの前で、ほかにも多くのしるしを行われたが、それらはこの書には書かれていない。これらのことが書かれたのは、イエスが神の子キリストであることを、あなたがたが信じるためであり、また信じて、イエスの名によっていのちを得るためである。」

（新約聖書・ヨハネの福音書二〇章三〇～三一節）

ヨハネは、イエスが行われた数多くの奇跡を記録している。彼はそれらを「しるし」と呼んでいる。それは、一つひとつの奇跡に、イエスとはどういうお方なのかを示す深い意味があることを知らせるという目的があったからだ。すなわち、ヨハネがしるしを集め、福音書に書き記したのは、どんなに疑い深い人が読んでもイエスがキリスト、神の子であると納得できるように、また、それを信じることによって誰でもイエスの名のもとでいのちを得られることを示すためであった。

イエスが行った主張――神が人となった、世の光、真理、いのちのパン、良き羊飼い、復活と永遠のいのち――は途方もないことで、それを信じるには説得力のある証拠がなければならないと誰もが思うだろう。ヨハネが示しているのは、まさにそのような証拠だ。ヨハネの福音書は、イエスが説得力のある論理的な議論を行い、聞いている人々の理性に訴えた事例で満ちている。たとえば、エルサレムで、ある人々が「私たちの父はアブラハムです」と言ったとき、イエスは、突き刺すような鋭い論理を用いて、こう答えた。

「あなたがたがアブラハムの子どもなら、アブラハムのわざを行うはずです。ところが今あなたがたは、神から聞いた真理をあなたがたに語った者であるわたしを、殺そうとしています。アブラハムはそのようなことをしませんでした。」

（新約聖書・ヨハネの福音書八章三九～四〇節）

こう言われた人々は、非の打ちどころのない真理と論理によって打ちのめされたと悟ると、残された対抗手段として石を取ってイエスに投げつけようとした。悲しいことだが、これが今日まで続いている反論戦術なのである。

このイエスの例を踏まえてクリスチャンは、自分のうちにある希望について、説明を求める人には信じていることを知的に弁明できるようにいつでも用意しているように教えられている（新約聖書・ペテロの手紙第一、三章一五節参照）。

この議論をまだ続けることはできるが、それよりヨハネの福音書を読んで、イエスが自らのメッセージを伝えるために行ったいろいろな議論を自分で吟味してみれば、もっと納得がいくだろう。そうすれば、キリスト教の信仰は実に理にかなっているという主張に説得力があることがわかるだろう。

これが、数学者である私がクリスチャンであることに安住できる理由の一つである。というのは、科学も聖書も、合理的に考えることの重要性を強調するからである。

第5章　科学知識を身につけた現代世界で聖書を真剣に受け止めることは本当にできるのか

この段階で、こう私に反論する人が多いのもよくわかる。「ちょっと待ってください。レノックス教授は、聖書は理性に基づいていて、論理的な記述が豊富にあると本当に思っているんですか。聖書の物語には、科学によって信憑性がないことがはっきりしたものもあるのに？　たとえば、創造の物語を考えてみてください。科学は創造なんて問題にしないでしょう？　科学が問題にするのはビッグバンですよ。」

「さらに具合の悪いことに、もし聖書が語る創造の物語を字義どおり受け取るなら、地球の年齢は一万年にも満たないということになってしまいますよ。それでは、地球の年齢について科学的にわかっていることと矛盾するではありませんか。だから、先生の話に耳を傾けてほしいのでしたら、議論の中で聖書を持ち出してはダメでしょう。」

　さて、ここで私は危険を冒すしかないだろう。もちろん、読者には私が語ることを真剣に受け止めてもらいたい。期待をもってあえて申し上げるが、もしあなたがこの章まで読み進めてきて、想像していたほど神と科学は敵対関係にないという考えもありだと感じているなら、この後、私がなぜ科学と聖書は不倶戴天の敵同士ではないと考えるのか、その理由を読んでもらえるのではないだろうか。

　私たちの多くは学校や大学で、科学を正しく理解する方法を教えられているが、古代の文献を正しく解釈する方法を教わった人となるとごくわずかである。したがって、聖書をはじめ古代の文献の扱い方を知らなければ、聖書は科学と対立すると考えるのも無理はない。ほとんどの人が科学について考えたことがあるだろうから、科学的で論理的な姿勢で聖書について考えることを強く勧めたい。結論を出すのはそれからでよい。

神が著した二冊の書物

　近代科学の父と言われる人物、フランシス・ベーコン卿（一五六一〜一六二六年）は、神は聖書と創造という二つの書物を著したと書いている。[*43]
　この引用をヒントに、論理的かつ科学的に自然を解釈することと、論理的かつ神学的に聖書を解釈することを対比することができる。私たちには二種類の「情報《データ》」がある。ひとつは、自然を研究して得られる情報で、もうひとつは聖書を研究して得られる情報。聖書を読むときに解釈が必要なことは誰でもわかるが、自然を理解するのにも解釈が必要なことに気づいていない人もいる。

次の有名な例を考えてみよう。紀元前三世紀、ギリシアの哲学者アリストテレスは、地球は宇宙の中心にあって静止しており、太陽や星や惑星がその周りを回っていると教えた。[*44] この天動説は、何世紀にもわたって支配的な説となった。（そして、第2章で述べたガリレオ問題の原因ともなった。）つまるところ、この考えは一般の人々にはわかりやすいものだったのである。すなわち、太陽は昇り、また沈むので、地球の周りを回っているように感じる。もし地球が動いているのなら、なぜ私たちは誰も宇宙空間に向かって振り飛ばされないのか。もし地球が高速で回転しているなら、まっすぐ上に投げた石がまたまっすぐ落ちてくるのはなぜなのか。どうして地球の回転方向に対して強い風が吹いているのを感じないのか。地球が回っているなどという考えは、馬鹿げているに決まっているではないか。

この天動説は、聖書に書かれていることとも一致するように思えたのである。

「あなた〔神〕は地をその基《もとい》の上に据えられました。

地は　とこしえまでも揺るぎません。」
（旧約聖書・詩篇一〇四篇五節）

聖書は地球（大地）が静止していると教えているように思えるだけでなく、太陽が動いているとはっきり述べている。

「日は昇り、日は沈む。そしてまた、元の昇るところへと急ぐ。」
（旧約聖書・伝道者の書一章五節）

一五四三年、天文学者のニコラス・コペルニクスは、『天体の回転について』という有名な書物を出版した。この本の中でコペルニクスは、地球とその他の惑星が太陽の周りを回っているという地動説を提唱した。この驚くべき新説は、プロテスタントからもカトリックからも疑問視された。

宗教改革者のマルティン・ルターは、旧約聖書の人物ヨシュアは地球（大地）ではなく太陽に動くなと命じたのだ〔訳注・旧約聖書・ヨシュア記一〇章一二、一三節参照〕と言って、それ以上深く考えず、コペルニクスの説をはねつけてしまった。[*45] ジャン・カルヴァンも、地球は静止していると考えていた。

頭上の天が絶えず高速で回転しているのに、どのようにして地球は静止していられるのであろうか、もし神なる創造主が動かないものとして定められたのでなかったなら。[*46]

一六三二年、ガリレオは、アリストテレスの説に対するコペルニクスの反論を補強した。そして何が起こったかは周知のとおりだ。のちにガリレオが正しかったことが明らかになる。本書の読者で、アリストテレスが考えたような意味で地球は静止していると信じている人はいないだろう。

歴史を振り返ってみよう。何世紀もの間、だれもが天動説が正しいと思っていた。その後、ガリレオがそれに挑んだ。地動説を信じる人が増えるにつれて、天動説を信じる人が減っていき、現在、太陽と静止している恒星に対して相対的に地球が動いているという自然界の見方を受け入れている人々が大多数である。

では、このことは、地球は静止していると語る聖書と明らかに矛盾するのだろうか。

答えは「はい、矛盾します。」ただし、それは「地をその基の上に据えられました。地はとこしえまでも揺るぎません」という記述を、あくまでも文字どおりに解釈するならば。しかし、そう解釈しなければならないのだろうか。クリスチャンの中には、「そうです。聖書はすべて文字どおり解釈しなければなりません。そうでなければ、聖書の権威が失われます」と主張する人もいる。たしかに、聖書を守りたいという気持ちはわかるが、その解釈が正しくなかったら守ることにはならない。たとえば、イスラエルは「乳と蜜の流れるところ」（旧約聖書・申命記三一章二〇節）ということばを考えてみよう。このことばを文字どおり受け取って、乳と蜜の流れるドロドロした大きな川が大地に流れていると言うのだろうか。もちろんそんなことはない。これは、比喩表現だ。乳と蜜は文字どおり乳と蜜だが、「流れる」は比喩で、その土地が牧草地や蜜蜂や酪農品で富んでいることを生き生きと表現している。しかし、心に留めてほしいのだが、「流れる」という比喩が表しているものには真実な面もある。「繁栄している」という意味だ。

普段使う言語にはこのような比喩がたくさんある。タロウが新しいスポーツカーで道を飛ばしていたと聞いても、「飛ばす」を文字どおりに解釈せず、これは比喩的表現法で、（文字どおり）とても早いスピードで運転していたと解釈する。この文はある意味では文字どおりだが、別の意味では違う。学者たちは、最初の意味（「（空を）飛ばす」）を指すときには「原文に忠実な（literalistic）」という語を使うことが多い。もう一度言うが、この例からも比喩が真実なことを表すということがわかる。

これこそが、多くの混乱の原因なのだ。誤解が生じるのは、「文字どおり」という語の使い方によるのである。

文字どおりの比喩

この問題はとても重要なので、もう一つ例を示そう。イエスは言った。

「わたしは門です。」　（新約聖書・ヨハネの福音書一〇章九節）

この言葉を、文字どおり（あるいは、原文に忠実）に解釈するだろうか。もちろん、そんなことはしない。なぜだろうか。それは、私たちはこの世界での経験から（これも、広い意味での科学と言える）、木や鉄などでできた門がどんなものか知っているし、イエスがそのような門でないことは当たり前だからだ。これは比喩表現なのだ。その上で、強調しておくが、これはある現実を表した比喩なのである。イエスは確かに門なのだ。すなわち、神を体験する生き方への入り口そのものなのである。科学や神や聖書について成熟した議論をするには、次の二つのことをわきまえておかなければならない。

- 聖書は、あらゆる書物や講話がそうであるように、比喩や、絵が浮かんでくるような表現であふれている。
- 比喩は、何か本当のものごとを表している。まぎらわしいのだが、私たちは「自然な解釈」という意味で、「文字どおり（literal）」という言葉を使ってしまうことが多い。

では、本題の地球の話に戻ろう。かつては、私たちを取り巻く世界で経験することに基づいて、地球（大地）が幾何学的に不動だと考えるのは、きわめて自然なことだった。しかし、そのような時代は過ぎ、私たちは経験を深め、多くを学んだので、今では地球は文字どおりの意味で不動ではないことを知っている。また、詩篇という書は非常に詩的であることも知っている。そこで、ひとつの試みとして、詩篇の作者が地（地球）は「ゆるぎません」と言ったのを比喩的に解釈することは妥当か考えてもよいだろう。たとえば、次のように言えるのではないだろうか。神が地（地球）をゆるがないものにしたというのは、幾何学的な意味ではなく、神の目的に合わせて、異なった意味での安定性を与えられた。だから、「種蒔きと刈り入れ」（創世記八章二二節）というような季節の移り変わりは、ゆるがないものとみなすことができる。

地球の運動に関連して、次のことが言えるだろう。聖書は、ゆるがない地（不動の地球）という考えを支持しているととることもできるが、その他にも別の理にかなった見方がある。そのような見方をすることによって、聖書のことばが意味あるものと理解でき、原文主義の解釈に固執してわざわざ科学的発見との衝突を引き起こすこともなくなる。

聖書が私たちに教えるのは、「どうしたら天に行くことができるのかであって、天がどのような仕組みになっているのかではない」と言ったのは、ガリレオであった。これは大体において正しい。私たちは聖書から科学を学ぶことはしないし、そうできたらとも考えない。私は聖書から数学を学んだわけではない。しかし、物理学的存在としての宇宙について興味を引くようなことを、聖書は何も語っていないと考えるのは間違いだろう。たとえば、創世記の最初には、「初めに、神が天と地を創造した」とあり、まさに物理学者や化学者が研究するのと同じ天（宇宙）と地（地球）のことを言っているのである。

そればかりでなく、宇宙に始まりがあったという点で、聖書と科学は確かに一致している。これは、大いに注目に値することである。というのは、宇宙論の観点から、宇宙に始まりがあったという考えは、二〇世紀になるまではなかったからだ。それまでは、アリストテレスの説、すなわち宇宙は永遠に存在するという考えが、ヨーロッパの思想を支配していたのである。皮肉なことに、聖書はもう何千年も前から宇宙に始まりがあったと語っていたのである。宇宙物理学者がそれに追いつくのに、なんと長い年月がかかったことだろう！　そして、科学者、哲学者、神学者の集まる国際会議の場で発言したことだが、もし科学者たちがもっと早くから聖書の視点を真剣に受け止めていたら、もっと早く宇宙の起源の証拠を探し求められたことだろう。

宇宙の起源

ベルギーの物理学者ジョルジュ・ルメートルは、カトリックの司祭でもあり、神を信じていた。実は、このルメートルこそアインシュタインの理論をもとに、時空に始まりがあると提唱した最初の人物であった。この宇宙の始まりこそ、天文学者のフレッド・ホイル卿が後に、「大ボラ」という意味もある「ビッグバン」と冗談で呼んだものだ。ホイル自身はルメートルの説を信じていなかったのである。しかし、さまざまな銀河から地球に到達する光の赤方偏移や膨張する宇宙やマイクロ波背景放射など、宇宙の始まりを示す証拠が次々と発見されることによって、私たちは現在、宇宙は時空のある一点から一瞬にして誕生したと理解できるようになった。今日、物理学の標準理論はこういった目覚ましい観測結果をもとに成り立っている。

でも、ビッグバン説は宇宙の創造説と矛盾しないのですか？

まったく矛盾しない。というのは、ビッグバンとは説明ではないからだ。それは単に、宇宙に始まりがあったことを指す名称にすぎず、そもそも宇宙がどのようにして存在するようになったかについて何も説明しないのである。聖書は、宇宙が存在する理由を提示している。聖書によれば、神が宇宙を創造した。すなわち、神が始まりの原因であったと語っている。その始まりに「ビッグバン」という名をつけたいのならそれでもいい。そのビッグバンが神によって引き起こされたものであることには変わりはない。

でも、宇宙の年齢について、科学と聖書は矛盾しないのですか？

科学的には、宇宙の起源は百三十八億年前と言われており、創世記一章の読み方によっては宇宙の歴史はもっと短いとされる解釈と食い違う。これだけで、すぐに聖書を切り捨ててしまってよいのだろうか。ここで対立しているのは、聖書と科学ではない。ある特定の聖書解釈と科学だ。

この世界についての理解が深まるにつれて、創世記のはじめの数章と現実世界の正確な関係について、さまざまな考えがクリスチャンたちの中に生まれる。ここで、私なりにこの問題を解決してみよう。そのためには、聖書のはじめの部分に実際何が書かれているかを注意深く見る必要がある。創世記一章一節から二章三節までの部分は、三つのパートで構成されている。この部分の内容を簡単な表に示した。

天と地の創造に関する記述（創世記１章１、２節）
神が世界を創造し、それに秩序を与え、 ご自身の形に人を創造するまでに至る６日間 （創世記１章３節〜２章１節）
神がそのわざを休まれた第７日目――安息日 （創世記２章２、３節）

この三層構造では、一番最初の創造のわざは、その後の創造のわざを行った六日間と区別されている。この六日間の記述には、明らかなパターンがある。すなわち、それぞれの日は、「神は……と仰せられた」で始まり、「夕があり、朝があった。第〇日」で終わっている。私の解釈では、創造の第一日は一節からではなく、三節から始まる。これは、次のような原文の特徴からわかる。創世記一章一節の「創造した」という動詞は完了形になっていて、これは、「物語の筋が始まる前にある出来事が起こったことを意味する」[*47]。語りの時制は、三節から始まっている。

これは次のことを示唆している。つまり、創世記一章一節にある「世界の始まり」は、第一日に起こったとする解釈があるが、そうとはかぎらない。すべてのもととなる創造は、第一日よりも前に起きた出来事だという可能性もある。ただし、創世記はそれがどのくらい昔なのかは語っていない。

こう考えると、地球（および、宇宙）の年齢をめぐる疑問は、創造の日数の解釈とは別の問題であることがわかる。これは、この問いをめぐって交わされる白熱した議論の中で見過ごされがちな点だ。別の言い方をすれば、科学的にどう考えるかという問題から切り離して、宇宙の年齢を確定することなく創世記一章一節を読むことができる、ということだ[*48]。したがって、聖書の視点から見て、現代の科学によって推定される宇宙の年齢を否定する理由はないと私は信じている。これは、言語表現と文法を詳細に調べることによって、科学と聖書の解釈の間の不必要な対立を避けられることを示す一つの事例である。

私たちがすべきことは、この二つの「書物」をより賢く読めるようになることである。科学には、ものごとの意味や価値や目的を説明するには限界があることを理解した上で、聖書の記述を注意深く読み、その意味を見定めなければならない。

しかし、有神論に基づいた世界観を否定する人々は、神を信じること全般、そして特に聖書の内容について異議を唱える。その内容とは、奇跡である——。

第6章　奇　跡——一歩踏み込みすぎ？

読者の中に、次のように言う人がいるのは想像に難くない。「ここまでのところはわかりました。他の文献に用いるのと同じ基準を聖書にも当てはめることは、十分理にかなったことでしょう。ですが先生は、聖書と科学のつじつまを合わせるのは簡単だ、聖書に出てくる難解な部分はどれも比喩表現と解釈すればいいとおっしゃるのですか。」

これはもっともな反論である。たとえば、先に述べたように、聖書の中心的な主張のひとつに、イエス・キリストの死からの復活があるが、これは歴史上の出来事ととらえていいのだろうか。そういう立場をとるなら、キリストの復活は超自然的な出来事だったことになり、神の存在を否定する人は、二律背反の選択肢のどちらかの選択を迫られる。つまり、奇跡はありうると信じるか、自然法則についての科学的理解を信じるかのどちらかで、両方信じることはありえない。次の文章は、リチャード・ドーキンスが彼特有の書き方でこの考えを表したものだ。

一九世紀は、学識のある人間にとって、処女懐胎のような奇跡を困惑を感じることなしに信じるという態度を受け入れることができた、最後の時代だったのだ。問い詰められると、多くの学識あるキリスト教徒は、今日でもあまりにも誠実なために、処女懐胎や復活を否定しない。しかし、困惑はおぼえる。なぜなら、彼らの合理精神はそれが馬鹿げていることを知っているからである。だから、尋ねてほしくないということになるのだ。[*49]

ドーキンスは、ここで、啓蒙思想家のデイヴィッド・ヒュームの有名な「奇跡は自然法則に反している」という主張と同じ主旨のことを述べている。

ところが奇跡の問題は、ヒュームやドーキンスが考えるほどそんなに単純ではない。非常に優秀で著名な科学者の中にも、二人の意見に異を唱える人々がいる。何人か名前を挙げると、一九九七年のノーベル物理学賞受賞者のウィリアム・フィリップス教授、量子物理学者で王立学会特別研究員（FRS）であるジョン・ポーキングホーン、ケンブリッジ大学教授、元英国気象庁長官で気候変動に関する政府間パネル（IPCC）議長も務めたジョン・ホートン卿、米国国立衛生研究所の所長で国際ヒトゲノム・プロジェクト元代表のフランシス・コリンズがいる。これらの名高い研究者たちは、奇跡に対する反論があることを十分に承知している。それにもかかわらず、どの人も超自然的存在やキリストの復活に対する自身の信条を公言してはばからない。特に、キリストの復活は、私と同様にこれらの科学者たちもキリスト教世界観の真実性を示す究極の証拠とみなしている。

今挙げた研究者の一人、フランシス・コリンズは、奇跡に関連する事柄について、賢明な忠告を与えている。

そのような主観がどうであれ、奇跡が起こったかもしれない事柄を解釈するにあたっては、健全な懐疑主義に立って物事を見ることが重要である。さもなければ、宗教的見地の誠実さや合理性が疑われかねない。がちがちの唯物主義にもまして奇跡の可能性に水をさすものは、自然現象として容易に説明できる日常の事柄までも、安易に奇跡だと主張することなのだ。[*50]

そういうわけで、八章ではイエスの復活を取り上げ、可能なかぎり焦点を絞った議論を展開したいと思う。復活という奇跡こそ、キリスト教の原動力であり、キリスト教の核心となるメッセージなのだ。実際、キリストの使徒になるための最低条件は、キリストの復活を目撃していることであった（新約聖書・使徒の働き一章二二節参照）。復活がなかったとすれば、キリスト教が伝えるメッセージもない。使徒パウロは書いている。

「そして、キリストがよみがえらなかったとしたら、私たちの宣教は空しく、あなたがたの信仰も空しいものとなります。」（新約聖書・コリント人への手紙第一、一五章一四節）

自然法則

ここで、現代科学の視点と現代科学における自然法則の考え方を確認しておこう。科学法則は因果関係を定式化するので、今日の科学者たちは、科学法則は単に過去に何が起こったのかを記述できるにすぎないとは考えない。今、量子のレベルは考えないことにして、科学法則は未来に何が起こるか非常に的確に予測することができる。たとえば、通信衛星の軌道を正確に計算することができたり、月面や火星に着陸することも可能になった。そのため、科学者の多くは、宇宙は因果関係の成り立つ閉鎖系（訳注・この世界で起こることすべての原因はこの世界の中にあるということ）であると確信している。

この観点からすれば、（創造主にかぎらず）何かの神が恣意的に自然法則に介入したり、それを改ざんしたり、停止したり、反転したり、ないしはその他の方法で「侵害」することがあるという考えに対して、科学者たちが不快に思い、反対するのも無理のないことだろう。科学者にとって、そのような考えは科学法則の不変性と矛盾し、したがって、宇宙に関する私たちの科学的理解の大前提を覆すことのように思えるのだ。

奇跡に対する第一の反論は、実はこれもデイヴィッド・ヒュームに由来するのだが、次のようなものだ。奇跡一般、特に新約聖書に記された奇跡は、科学が生まれる前の、原始的な文化の中で生じたもので、その時代には自然法則など知っている人はいないので、奇跡の物語を安易に受け入れてしまう。この説明は、はじめはもっともだと思えるかもしれないが、新約聖書に出てくる復活といった奇跡に当てはめようとしたとたんに、成り立たなくなってしまう。少し考えてみればわかることだが、ある出来事を奇跡とみなすためには、この世の出来事には一定の規則性が見られるという前提の下、その出来事が明らかにその規則性から逸脱していると言えなければならない。何が通常なのかがわからなければ、異常なものを判別することはできないのである。

実は、このことはずっと昔からよく認識されていて、新約聖書が書かれた時代でも確かにそうだったのである。興味深いことに、イエスの生涯を福音書にまとめた歴史家のルカは、当時の医学の訓練を受けた学者でもあったが、まさにこの点を取り上げている。ルカが描くキリスト教成立の経緯によれば、キリストの復活に関するキリスト教の使信に最初に敵対したのは、無神論者たちではなく、ユダヤ教の大祭司たちだった。彼らは、ユダヤ教の一派であるサドカイ派に属する非常に宗教に熱心な人々であった。神を信じ、祈りを捧げ、神殿祭儀を執り仕切っていた。しかしだからといって、キリストが死者の中から復活したという主張をはじめて聞いたとき、彼らはそれを信じたわけではない。というのは、これらのユダヤ教指導者たちは、どんな人間でも肉体の復活はありえないという世界観を信じていたからである。だから、イエス・キリストの復活は言うまでもない。

科学が生まれる前の、人々が無知で信じ込みやすかった社会で、キリスト教は成立したという考えは、事実に反する。古代社会でも、現代と同じように、死者が墓から出てくることはないという自然の法則は知られていた。キリスト教が興隆したのは、キリストという一人の人が、まさに死者の中からよみがえったとの証拠の重みによるのである。

奇跡に対する第二の反論は、今や私たちは自然法則があることを知り、それらを言語や数式で記述できるので奇跡の入る余地はない、というものだ。これは、ヒュームの有名な反論だ。しかし、私にはこの反論に論理の落とし穴があるように思える。例を挙げて説明しよう。

私が今週、一〇ポンドを机の引き出しに入れたとしよう。次の週には、もう二〇ポンド入れる。そして、その翌週にもう一〇ポンド入れて引き出しを閉め、鍵をかける。計算法則から、今度引き出しを開けたら四〇ポンド入っているはずだと予測できる。

ところが、私が次に引き出しを開けたら、一〇ポンド紙幣が一枚しかなかったとしたらどうだろう？　私はどう考えたらいいのだろうか。計算法則が破られたというだろうか。そんなことがあるわけがない！　何者かが泥棒に入り、計算法則ではなく法律を破って私の引き出しから三〇ポンドを盗んでいったというのが、もっと理にかなった結論だろう。馬鹿馬鹿しい解釈の一つは、計算法則があるからそんな泥棒はいないとか、泥棒が入るなどありえないと信じることだ。事実はそれとまったく逆で、計算法則が正常に働いているからこそ、泥棒が私の家に押し入ったと推理できるのである。

自然法則とは何か？

このたとえ話からは、また、「法則または法（law）」という用語は、科学で使われる場合と、法律の場面で使われる場合では意味が異なることがわかる。法律的な文脈では、「法」と聞くと私たちは人の行動を制限するものを連想することが多い。計算法則といった場合には、先ほどのたとえ話に出てくる泥棒を捕まえたり抑え込んだりといった意味はない。ニュートンの万有引力の法則から、もし私がリンゴを落とせば、それは地球の中心に向かって落ちていくことがわかる。しかし、その法則があるからといって、誰かがその場に来て、落下するリンゴをキャッチしてはいけないということにはならない。つまり、法則にできることは、実験が行われた時の条件に変化がなければ何が生じるのかを予測することなのである。

　ということは、有神論の観点から見れば、自然法則とは神の介入がない場合に必然的に生じるのは何かを予測するもの、ということになる。もちろん、創造主が被造世界に介入したとしても犯罪行為とはならない。自然法則があるから、神が存在することや、その神が世界に介入することがあると信じるのは無意味だというのは、明らかな誤りである。たとえてみれば、ジェットエンジンの原理を理解している設計者にはエンジンからファンを取り外すことができるか？　いや、そんなことはできるわけがないと言い張るようなものだ。言うまでもなく、設計者がそのような改造をすることはできる。さらに、設計者がエンジンに手を加えたとしても、ジェットエンジンの原理が崩されるわけではない。なぜファンがついたエンジンがちゃんと動くのかを説明するまさにその原理によって、ファンを取り外したエンジンがなぜ動かないのか説明することができるのだ。

　したがって、奇跡は自然法則に「反する」と主張するデイヴィッド・ヒュームは間違っていた。私たちに言えることは、自然法則によれば、何らかの自然のメカニズムによって人間が死者の中からよみがえることはない、ということである。クリスチャンたちも、そのようなメカニズムによってキリストは死者の中からよみがえった、とは主張していない。この点は、復活に関する議論できわめて重要である。クリスチャンが主張するのは、イエスがよみがえったのは超自然的な力によるということだ。自然法則それ自体によって、この可能性を否定することはできない。奇跡が起こったとき、それが奇跡であるという事実に気づかせるのが、まさに自然法則なのである。

クリスチャンは自然法則を否定しない。それどころか自然法則は、創造主によってこの宇宙に組み込まれた規則性や因果関係を表すものであり、自然法則にそって宇宙の中でものごとが働くと考えているのだ。このような知識がなければ、たとえ奇跡を見たとしても、それに気づくことはできない。キリスト教世界観と、神の存在を否定する世界観の重大な違いは、キリスト教世界観ではこの世界が因果的に閉鎖系だとは考えない点である。そうではなく、この宇宙は創造主である神が介入され、原因となる余地のある開放系だと考えるのである。

創造主の存在を認めるならば、必然的にその創造主が自然の営みに介入するための扉は開かれる。創造主はおとなしいので、ご自分が創造した世界に積極的に関わることができないとか、許されていないとか、そうしようという気を起こさないなどありえない。奇跡は起こりうるのだ。

もっと大きな問題——悪と苦しみ

私もよく承知しているが、科学者も含め、多くの人にとってこの世に悪と苦しみがあることは重大な問題である。そういう問題意識のある人々はこう聞く。「もしレノックス教授が正しいのなら、つまり、この世の出来事に介入できる神が存在するなら、どうしてその神は介入し、最も深刻な問題である悪と苦しみの問題を解決してくれないのですか。」

私は、多くの同僚の科学者から言われてきた。この宇宙の背後に超自然的な知性が存在する根拠がおそらくあるのだろうが、私たちを大切に思ってくれる人格を持った神の話はご勘弁だ。自然災害はいうまでもなく、絶えることのない暴力や悪で満ちたこの世界の痛ましい状況が、神は存在しないことの証明ではないのか、と。つまり、科学者たちを神から遠ざけるのは科学ではなく、苦しみということになる。これは、ずいぶん奇妙なことである。というのは、問題解決の方程式から神を削除してしまったら問題だけが残り、究極的な解決への希望はなくなってしまうからだ。

悪と苦しみが、神を信じる人々が直面する最も深刻な疑問であることは、私も認める。それに答えるには、この小著に記したものよりもさらに詳細な議論が必要である。もしこの疑問への私の回答を読んでみたいと思われるなら、デイヴィッド・グディング教授との共著になる、このテーマを扱った書籍[*51]を読んでもらえればと思う。ここでは、次のように言うに留めておく。苦しみや悪の問題の現実はどうなのか、また、この問題を解決するために、神が今に至るまで何をしてきたのかについて、キリスト教世界観、特にイエスの教えは本質的で説得力のある内容を含んでいる。この疑問に対するキリスト教の答えは、苦しみの渦中にある人々に希望と慰めを与える。神という概念を全否定する世界観の中に、このような希望や慰めを見いだすことはできない。

私たちはすでに、人間に理性が備わっていることは超自然的な存在の裏付けとなることを見てきた。したがって、奇跡が起こったという可能性を受け入れることは、十分に理にかなっている。キリストの復活などの個別の奇跡が実際に起こったかどうかは歴史的な問いであり、どのような証言と証拠となる事実があったのかによるのであって、哲学の問題ではない。そのような証拠は、主に新約聖書に記録されている。そこで、これから新約聖書を見ていこう。

第7章　聖書は信頼できるのか？

イエスの復活の証拠を見る前に、「他のどの書物よりも詳しく復活が記録されている新約聖書は信頼できるのか？」を問う必要がある。新約聖書に対する一般の人々の意見は、実にさまざまだ。たとえば、福音書に記されているイエスという人物が歴史上実在したことを平気で否定する人がなんと多いことか、私はいつも驚かされている。

このような問題の専門家は、古代史研究者である。公平を期すために、そのような専門家の声を私たちは聞かなければならない。専門家の間では、その人がクリスチャンであってもなくても、イエスの実在性とその言行に関しては、驚くほど意見が一致している。

たとえば、オックスフォード大学の学者であり、歴史上のイエスをテーマとするケンブリッジ大学出版局発行の本の著者でもあるクリストファー・タケットは、イエスの実在の証拠について次のように述べている。

こういった証拠から、イエスが実在したことさえキリスト教側の創作だという極端な説はどれも、少なくとも実に非現実的だと言えるだろう。イエスは実在の人物で、（どのような理由だったにせよ）ポンテオ・ピラトのもとで十字架刑に処せられ、彼の弟子たちがイエスの目指したものを引き継いだという事実が、キリスト教の歴史的伝承の基盤の一端になったと言える。少なくとも、キリスト教の外部からの証拠は、これらが確かに事実であったことを示している。[*52]

新約聖書についていえば、多くの人々の意見は突拍子もない陰謀説に基づいているようだ。そして、新約聖書のテキスト（本文）の信頼性の証拠が、実際、どれほど圧倒的に確かなのか気づいていないようだ。新約聖書の内容は信用できないとか、定説とされる年代よりももっと後の時代の創作だとか、あるいは単に捏造されたのだといった一般の人々が抱く説が、専門的な分析に耐えるものではないことは明らかである。

写本

まず、現在、膨大な量の写本が残っている。原語であるギリシア語で書かれた新約聖書の部分的または完全な写本が、目録に登録されているものだけで六千点以上もあり、一万八千点を超える初期の翻訳が、ラテン語、シリア語、コプト語、アラビア語などで存在する。これに加えて、キリスト教初期の教父たちによる新約聖書の引用が何千点もある。これらの引用は、紀元二世紀から四世紀にかけて書かれたものである。この数は、もし新約聖書の写本がすべて失われたとしても、これらの引用だけから、新約聖書の大部分を再現できるくらいの分量なのだ。

このような文書資料の重要性を少しでも理解するには、よく知られている他の古代文書の文書資料と比較してみればよい。たとえば、ローマの歴史家タキトゥスが『年代記』を書いたのは紀元一一六年頃である。『年代記』の最初の六巻は、紀元八五〇年頃の写本がわずか一つ残っているだけである。第七巻から第十巻は現存せず、第十一巻から第十六巻は、写本が三十五点残っているが、その最古の写本は一一世紀のものである。したがって、文書資料は非常にまばらで、原典が編纂された時期と最古の写本が作られた時期には七百年以上もの隔たりがある。

これと対照的に、紀元前二〇年頃にもう一人別のローマの歴史家、リウィウスが著した『ローマ建国史』は、ほぼ五百点の写本があり、最古のものは紀元四世紀である。宗教書以外で、最も文書の裏付けのある古代の作品は、ホメロスの『イリアス』（紀元前八〇〇年頃に書かれた）である。この写本は千九百点以上あるが、年代は紀元前四一五年頃より後である。ホメロスとリウィウスの著作ともに、原文と現存する最古の写本には四百年ほどの隔たりがある。[*53]

ここで重要なことは、写本の数が少なかったり、それが後の時代のものであったりしても、専門家たちは、これらの文献が原典を正確に写していると考えていることだ。これらの書物に比べれば、新約聖書は他の書物よりもはるかに確かな裏付けのある古代文書と言える。

ここまで見てきたように、よく知られている古代の写本の中には、写本が作られた年代と原本の年代との時間的な隔たりが相当に大きいものがある。それとは対照的に、新約聖書の写本のいくつかは常に古い時代のものだ。ボドマー・パピルス（スイス・ジュネーブのボドマー財団のパピルスコレクションに含まれている）の中に、ヨハネの福音書の約三分の二を含む、紀元二百年頃の写本がある。三世紀のものとされる別の写本には、ルカとヨハネの福音書が部分的に含まれている。最も重要な写本は、おそらく、チェスター・ビーティー・パピルスだろう。これは、一九三〇年頃発見されたもので、現在アイルランドのダブリンにあるチェスター・ビーティー図書館に収蔵されている。「パピルス一」は紀元三世紀のもので、四福音書と使徒の働きが部分的に含まれている。「パピルス二」は、パウロ書簡のうち八つの書簡のかなり多くの部分と、ヘブル人への手紙の一部を含んでおり、作成年代は紀元二〇〇年頃である。「パピルス三」は、黙示録の大部分を含んでおり、紀元三世紀のものである。これらの写本の年代は、最も高度な科学的測定方法で割り出された。

筆写ミス

これでもまだ、新約聖書は信頼できないという人も多い。何度も写本が繰り返されているからと言うのだが、この意見には根拠がない。たとえば紀元二〇〇年頃、したがって今から千八百年ほど前に作られた写本を取り上げてみよう。この写本の元になった原本は、どのくらい古いのか。もちろん、正確にはわからないが、この写本が書き写されるまでにおそらく百四十年くらいは経過していただろう。そうだとすると原本が作成されたとき〔訳注・紀元六〇年頃〕には、新約聖書の著者の多くがまだ生きていたということになる。したがって新約聖書の時代から現代までは、原本とこの写本のたったの二段階しか経ていないと言えるのだ！

さらにまた、ほとんどの写本には書き写しの誤りがある（筆写ミスをせずに分量の多い文書を書き写すことは、実質的に不可能だ）が、どの写本も二つとしてまったく同じ筆写ミスがあるものはない。したがって、複数の写本を比較することによって原文を再現することができ、専門家の意見では、原文が不明なのは全体の二パーセントに満たないということだ。しかも、その二パーセントのほとんどは、原文の意味の違いに影響しないような細かい文法的表現だという。さらに新約聖書の教えは、一つの節や一つの文だけで意味が左右されるわけではないので、キリスト教の教理がこのような些細な不明点によって疑問視されることはない。

大英博物館館長を務めた古代写本の権威で指導的存在であるフレデリック・ケニヨン卿は、これらの状況を総括して次のように書いている。

新約聖書の写本、そこからの初期の翻訳、および、初期教会の著作に現れる聖書の引用は膨大な数に上るため、事実上、信憑性に疑いのありそうな文章はすべて、これらの権威ある著作のどれかに書かれている。このような古代の文献は、世界中に他にはない。[*54]

史実性について言えば、ルカの福音書、また、使徒の働きの著者であるルカは、優れた古代の歴史家であった。ローマ史の専門家であるA・N・シャーウィン＝ホワイトは、どの文献にも限界があり、ある特定の視点から書かれていると認めた上で、次のように述べている。

行伝記事はそれに対しかなりの部分が外部資料によってその歴史性が確証されている。

……その基本的歴史性（＝少なくとも歴史的な核だけはそこに含まれていること）を否定しようとする試みはいかなるものであれ、……根拠なしと言わねばならない。[*55]

道を前に進む

ここまで新約聖書の写本の信憑性を検討したが、新約聖書に書かれていることに誤りがないとは、もちろん「証明」できるわけではない。しかし、イエスに関する物語は、正真正銘の歴史的な記録として十分信頼できるものであり、真剣に受け止めるべきものであることは確かだと言える。それを、これは作り話であって、時間と労力をかける価値のないものだと退けてしまったら、明らかな証拠にそって考えを進めるという原則に反することになるだろう。その意味で、新約聖書の史実性に関して、これまで行われてきた膨大な研究を参照することは重要だ。[*56]

キリスト教の土台となる聖書の信憑性を確認することはきわめて重要であった。続いてこれから、キリスト教のメッセージでおそらく最も重要な核心部分を吟味していこう。

第8章　キリスト教を反証するには

第6章で論じたように、科学によって奇跡は不可能だと示すことはできない。したがって、キリスト教の核心にある具体的な主張を検証する余地があることになる。その主張とは、イエス・キリストは肉体をもって死者の中からよみがえった、である。

キリスト教思想において、イエス・キリストの復活に関するおそらく最も驚くべきことは、キリスト教成立のはじめから、クリスチャン共同体の指導者たちが、福音のメッセージの根拠をすべてこの復活に置いていたことだ。使徒パウロはこう書いている。

「そして、もしキリストがよみがえらなかったとしたら、あなたがたの信仰は空しく、あなたがたは今もなお自分の罪の中にいます。……私たちはすべての人の中で一番哀れな者です。」

（新約聖書・コリント人への手紙第一、一五章一七、一九節）

つまり、キリストの復活はなかったと証明されるなら、キリスト教はすべて煙のように跡形もなく消えてしまうのである。ほとんどの宗教や世界観が教えや理論の上に成り立っているのと違い、キリスト教は、このたったひとつの歴史的な主張を土台とする、反証可能なものなのである。イエスの復活は誤りだと証明すれば、キリスト教は死ぬのだ。

科学を歴史に適用する

キリストの復活は、歴史上、一度しか起こっていない出来事である。だからこそ、この出来事に科学者がどのように迫るのかを知る必要がある。大雑把に言うと、科学には二種類あると言えるだろう。一つは、学校の勉強を通じてよく馴染んでいるもので、実験を繰り返して仮説や説明を検証するものだ。実験は、適切な装置を使えば誰でも再現できるものでなければならない。このような方法は「帰納法」と呼ばれる。

ところが、帰納的思考法は、再び生じることのない現象には使えない。たとえば、一八八三年のインドネシアのクラカタウ火山の噴火、恐竜の絶滅、宇宙や生命の起源などがあるが、キリストの復活もそうである。このような一度きりの現象は、何が起こったのか再現することはできない。

一度きりの出来事を扱うには、推理小説でおなじみの犯罪科学捜査の手続きをとる。エルキュール・ポワロは、映画のように殺人場面を再生して、誰が犯人なのか見ることはできない。その代わりに、次のような手順で推理していく。

- 容疑者Aが殺人犯なら、ある一定の出来事XとYが続いて起こるはずだ。
- ポワロは、XとYが生じた（生じる）ことを確認する。そして、容疑者Aが怪しいと推理する。
- しかし、その後、Zという事実が判明する。それを考慮し、容疑者AはZという事実とは関係がないと結論する。
- ところが、ここで容疑者Bが浮かび上がる。もしこの容疑者が殺人を犯したとすると、XもYもZも起こりうる。
- ポアロは推理で、容疑者Bのほうが容疑者Aよりも殺人犯の可能性が高いこと、その他のことを導き出す。

最後にポワロは、すべての事実に当てはまる解釈に到達し、この事件を解決する。このような思考法は、「仮説的推論」、または「最善の説明への推論」と呼ばれる。これは、日常生活の多くの場面でよく使われる思考法だ。

イエスの復活にも、これとまったく同じことが当てはまる。復活を再現して何が起こったのか見ることはできないので、最善の説明への推論を行わなければならない。これからそれをやっていこう。

五つの側面から考えよう。

1 イエスの死

イエスが十字架上で本当に死ななかったのなら、復活もありえない。したがって、イエスが本当に死んだことをはっきりさせる必要がある。実際のところ、イエス処刑の報告は、多くの非キリスト教の古代文書の中に見ることができる。ヨセフス（紀元三七〜一〇〇年）は、紀元一世紀の帝政ローマ時代のユダヤ人歴史家であるが、彼が記したイエスの十字架刑に触れた記録は、（新約聖書を除いて）現存する最古の文書の一つである。*57

紀元二世紀初期、ローマ帝国の元老院議員であり、歴史家でもあったタキトゥス（紀元五六〜一一七年）は次のように述べて、これを裏付けている。キリストは、「ティベリウス帝の時代、我々の総督ポンティウス・ピラトゥスの手によって極刑（つまり、十字架刑）に処せられた」。

福音書を書いたヨハネの目撃証言によると、イエスは二人の囚人とともに十字架につけられた。ユダヤ教の指導者たちは、律法に反して神を冒瀆しないように、安息日に死体を十字架の上に残しておくことを良しとしなかった。そこで、ピラト（ピラトゥス）から、死を早めさせる許可を得た。そのために、すねを折って死を早めさせる処置（これをクルリフラギウムと呼ぶ）をしようとした。しかし、兵士たちはイエスがすでに死んでいることがわかったため、イエスのすねを折らなかった。ローマ兵たちは、見ただけで死んでいるかどうかわかるのである。しかし、おそらく念を入れて、兵士のうちのひとりがイエスのわき腹を槍で突き刺した。ヨハネによれば、槍で突き刺した結果、血と水が出てきた。これはおそらく、体内に溜まっていた血液がすでに、透明感のある血漿《プラズマ》——これが水のように見えた——と赤血球を含む血球成分に分離していたことを示している。つまり、イエスは槍で突き刺される前に、絶命していたということになる。このような病理学的に重要な知識をヨハネが持っていたはずはないので、これはイエスの死を証明する有力な状況証拠と言える。実に明らかな最善の説明への推論というわけだ。

2　イエスの埋葬

聖書の記録によれば、エルサレムのサンヘドリン（ユダヤ人の最高法院）の二人の議員ヨセフとニコデモが、イエスの遺体をヨセフの所有する墓に葬った。その他にも、墓がどこにあるのか見とどけた者がいた。ガリラヤ出身の女たちと二人のマリアである。

イエスが墓に埋葬されたという事実は重要である。もしイエスの遺体が、ほかの多くの犯罪者たちのように、単に共同の墓場に投げ捨てられたのなら、イエスの遺体がそこからなくなったかどうかを判断するのは、不可能ではないにしても非常に困難だっただろう。さらに、まだ誰も葬られていない新しい墓だったので、イエスの遺体が間違って他の遺体と混同されなかったことは明白だ。さらに、先ほど見たように、信者の女性たちが数人、ヨセフについて行き、キリストの遺体が収められた墓を見た。だから、週のはじめの朝早く、まだ暗い頃、その女性たちが墓に来たとき、誤って別の墓に行ってしまった可能性はまずないだろう。

ニコデモとヨセフは、要人に敬意を表する古代の風習に従って、三十五キロもの没薬を塗った亜麻布で遺体を包んだ。この二人がイエスの復活を予期していなかったことは確かである。これだけの重さの没薬を塗り、エジプトのミイラのように遺体に亜麻布をしっかり巻きつけた様子からは、キリストが十字架の上で出血多量で意識を失った後、墓の中で蘇生し、なんとかそこから出たという説は信じがたい。

墓は、ヨセフによって大きく平らな岩で入り口をふさがれた。これを動かすには数人の力が必要になる。また、ピラトの権限に基づいてユダヤ教の指導者たちは、その墓石に封印をさせた。またさらに、パリサイ人の要望に対してピラトが許可を出したので、番兵が墓の番をすることになった。マタイの福音書が伝えるところによれば、この処置は、イエスの弟子たちが来てイエスの遺体を持ち出し、「復活した」と言いふらすのを防ぐためだった。

3　からっぽの墓

すべての福音書が一致しているのは、イエスに従っていた女性たちが週の初めの日の朝早く、遺体に防腐処置を施そうと墓に行ったとき、墓が空であったという記述である。そして、弟子たちがそれを確かめに行ったとき、目にしたのは確かに空の墓であった。

このことから、キリストが死者の中から復活したという、初代のクリスチャンたちの主張が何を意味していたかがわかる。それは、墓に埋葬されたイエスは、確かに死んでいたのだが、死者の中から肉体をもってよみがえり、墓から出たということである。イエスの体にどれだけの変化があったとしても、弟子たちは、それは自分たちが墓に収めたものと同じ肉体であると言って引かなかった。イエスのもともとの体とは無関係な、別の新しい体ではないと。

福音書を記したマタイによれば、イエスの墓が空になっていたことを明かしたのは、ユダヤ教の指導者たちのほうであった。信者たちではなかったのだ！　指導者たちは、番兵たちが眠っている間にイエスの弟子たちが遺体を盗み出したという噂をエルサレム中に流した。

ここで疑問が生じる。福音書の話は本当なのか。かなり後の時代になってできた作り話だと考える人もいる。しかし、その説は可能性が低い。四福音書はおそらく紀元五〇年から一〇〇年ごろに書かれたというのが学者たちの一致した見解で、[*58] その頃までには、キリストの十字架刑と埋葬の事件は、中東全土のユダヤ教シナゴーグ（会堂）の間に広く流布していただろう。もしこの話が後の時代の創作だったら、即座にフィクションだと見られたに違いない。もしでっち上げだったら、クリスチャンたちが、そのような話をユダヤ人社会に伝えるというような危険を冒したはずがない。したがって、この話が事実でないと考える理由はない。

すると、次のような疑問が生じる。ユダヤ教の指導者たちは、なぜ盗難説を広めようとしたのだろう？　考えられる唯一の理由は、先制攻撃を加えようとしたということだ。指導者たちは、番兵の報告によって、墓が空になっていたことを知っていた。彼らは直ちに、イエスの信者たちがこれを、イエスがよみがえった証拠だと言い広めるだろうと考えた。そこで、墓が空だったことを認め、自分たちの言い分（盗難説）を広めて、最初の一撃を加えようとした。それで、当然力をつけてくるイエスの信者側の言い分に対抗しようとしたのである。

キリストの敵対勢力から出てきた喧伝としてこの盗難説が流されたことが、イエスの墓が空だったことが事実であることを示す何よりの歴史的証拠である。

少し考えてみてほしい。もし墓が空でなかったら、指導者たちがイエスの遺体を運び出すのは簡単なことで、それで復活はなかったとはっきりと示すことができたはずだ。後に、使徒たちがイエスはよみがえったと表明したとき、もの笑いの種にしかならなかっただろうし、キリスト教が生まれることは決してなかっただろう。

もう一度繰り返すが、私たちはまさに犯罪科学の専門家と同じことを行ったのだ。すなわち、最善の説明への推論を行ったということである。

4　遺体を包んだ亜麻布

復活について、弟子たちにそのような筋道立てた推論をする力があったことを示す証拠はまだある。ヨハネの福音書を読むと、女たちから墓が空っぽだったと聞いて、ヨハネとペテロは墓に走って行ったとある。ヨハネが先に着いて、体をかがめて中をのぞき込んだ。すぐにヨハネは何かがおかしいと気がついた。イエスの遺体を包んでいた亜麻布がそこにあったのである。さらに不自然なのは、亜麻布はイエスの遺体が入っていたのと同じようになっていたが、遺体はなくなっていたのだ。

ペテロがヨハネに遅れて到着した。ということは、ヨハネは走るのが速かったのだろう（これも、物語が目撃者によって書かれたことを示す詳細のひとつだ）。二人は墓の中に入り、おそらくこの奇妙すぎる現場を見た。イエスの頭に巻かれていた布切れは、亜麻布から少し離れたところに置かれていた。そして、イエスの頭はもうそこにはなかったのだが、おそらくぺしゃんこになっていただろうが、巻かれた状態のままになっていたのである。

ヨハネが受けた衝撃は大きかった。彼は見て、信じたのである（新約聖書・ヨハネの福音書二〇章三〜八節参照）。これは単に、ヨハネはマリアが言ったことを信じた、ということではない。墓の中を見たときから、イエスの体がないことははっきりしていたからだ。これにはそれ以上の意味がある。ヨハネは、論理的推論によって、とても不可解なことが起こったに違いないと考えた。イエスの体が亜麻布からすっぽり抜けて、遺体がもともと置かれてあった場所に亜麻布をそのまま残していったようだと。ヨハネには、自分が超自然的な奇跡の証拠を目撃していることを疑う余地はなかった。

どうして亜麻布にそのような説得力があるのだろうか。ヨハネや他の誰もがすぐに、どうやって亜麻布がそのようになったのかと疑問に思うはずだ。墓荒らしだったら、死体を盗み出して、高価な亜麻布や没薬を残しておくはずがない。そして、何か不可解な理由で墓荒らしは死体だけがほしかったとしても、亜麻布を体にまだ巻かれているかのようにまた巻き直す理由はまったくない。せいぜい、墓が荒らされていないと思わせるくらいだろう。しかし、もしそういう細工をするならば、死体の代わりに石に巻きつけるくらいはしたに違いない！　それに音を立てずにできたはずはない。墓の入り口の石が取りのけられていたことで、墓が荒らされたことが完全に露呈している。誰でもここに来て、中を見てくださいと言っているようなものだ。しかし、ここでもうひとつの疑問が出る。番兵がいたのに、どうやって墓荒らしは墓の石を動かせたのか？

これに代わる説

それでは、墓荒らしでないのなら誰なのだろうか。イエスに従っていた人々の中で、生前のことばを誤解した者たちが、遺体を当局の目の届かない安全な場所に移そうとしたのだろうか。しかし、もしそうだったのなら、他の弟子たちにも教えたはずだ。弟子たちは、（遺体を引き取ろうとしたマリアのように）イエスをあらためて丁重に埋葬し（新約聖書・ヨハネの福音書二〇章一五節参照）、いずれクリスチャンたちはみなイエスの墓がどこにあるのか知ることになっただろう。どちらにせよ、近くに番兵がいる中で、墓石をどうやって動かしたのかという物議をかもす問題が残る。

いずれにせよ、遺体を取り出し、亜麻布を丁寧に巻き直して、奇跡が起こったように思わせることができただろうか。それができたのは誰だろうか。そのようなことをするのは、キリストの信者の道徳観念からして不可能だった。また、心理的にも不可能であった。というのは、復活を予期していなかったからだ。さらに、番兵がいたから現実問題として不可能だった。

最後に、少しでも復活をうかがわせるようなことを当局がしたと考えるのはばかげている。何と言っても、墓に番兵まで配置してイエスの復活説が出ないようにしたのは、他ならぬユダヤ教指導者たちだったのである。

ヨハネとペテロにとっては、それは衝撃的な発見だった。シャーロック・ホームズのように、この発見についてのありえない説明を除外した結果、たったひとつの説明だけが残された。すなわち、イエスの体は亜麻布から抜け出たということである。これはまた、犯罪科学における最善の説明への推論を示す、さらなる明らかな例だ。

しかし、これは何を意味していたのだろうか。そして、イエスはどこに行ってしまったのだろうか。エジンバラ大学の歴史学者マイケル・グラントは次のように書いている。

確かに、空の墓の発見については、福音書ごとに異なった記述がされているが、他の古代の文書に用いる批評の基準を当てはめれば、空の墓の証拠は動かし難く、十分妥当性があり、墓は空の状態で発見されたと結論するのは必然だろう。*59

ペテロとヨハネは空になった墓を離れた。そこにいても何もならないと思ったのである。しかし、その後の出来事が示すように、二人は間違っていた。

5　キリスト顕現《けんげん》の目撃者

初代のクリスチャンは、イエスの墓が空だったと単に主張したのではない。さらに重要なことは、その後、彼らが復活したキリストに出会ったという事実である。それは、キリストが昇天するまでの四十日間に断続的に起こった（新約聖書・使徒の働き一章三節参照）。弟子たちは実際にイエスを見、会話をし、体に触れ、いっしょに食事までしたのである。キリスト教の福音のメッセージを携えてこの世に立ち向かうのに、これ以上に彼らを勇気づけたものはなかった。弟子たちが復活のキリストに直接会ったというまぎれもない事実は、福音の重要かつ不可欠な部分であった。弟子たちがイエスに会ったことの証拠は明白なので、無神論の立場をとる学者、ゲルト・リューデマンでさえ、こう結論づけている。

イエスの死後に、復活したキリストとしてイエスが顕現したという経験をペトロ（および弟子たち）がもったことは、歴史的に確かなことであると考えていいであろう。*60

リューデマンは無神論者なので、当然のことながら、復活があったとは認めたくないため、イエスの顕現はまぼろしだったという立場をとっている。

しかし、この解釈は、次のような心理学的証拠によって否定される。ここでも、思考方法は確かに科学的であることに目を留めておこう。

a　まぼろしや幻覚は、通常、ある特定の気質を持った人に生じるもので、生々しい空想を伴う。弟子たちの気質は、人によってさまざまに異なっていた。マタイは頭の固い、抜け目のない取税人、ペテロと弟子たちの数人は屈強な漁師、トマスは生来の懐疑派、など。彼らは、幻覚症状を起こしそうな人々ではなかった。

b　幻覚では、予想される出来事が現れる傾向がある。哲学者のウィリアム・レイン・クレイグの指摘によれば、「幻覚は心の投影なので、すでに思い描いていたものでなければ幻覚に現れない」[*61]。しかし、弟子たちは誰もイエスに再会するとは思っていなかった。イエスの復活など考えもしなかったのである。その代わり、恐れと疑いと不安があり、幻覚にはそぐわない心理的状態であった。

c　幻覚は、通常比較的長期間にわたって生じ、それが強まったり弱まったりする。しかし、キリストの顕現は四十日間は頻繁に起こり、それから突然なくなっている。初代の弟子たちはそれ以後、誰も似たような経験をしたとは言っていない。ステパノとパウロだけが例外である。ステパノは最初に殉教したクリスチャンだが、石打ちにされて死ぬ直前に叫んで言った、「見なさい。天が開けて、人の子が神の右に立っておられるのが見えます」（新約聖書・使徒の働き七章五六節）。パウロは、一度復活のキリストと出会ったことと復活のキリストが現れたのは、使徒たちの中で自分が最後だと手紙に書いている（新約聖書・コリント人への手紙第一、一五章八節参照）。したがって、このような経験は幻覚の経験とは一致しない。

d　復活のキリストを同時に見た五百人の人々が集団幻覚に陥っていたとは考え難い（新約聖書・コリント人への手紙第一、一五章六節参照）。事実、臨床心理学者のゲイリー・シブシーはこう述べている。

専門の文献を調べてみた……過去二十年間以上にわたって心理学者、精神医学者、その他関連医療分野の研究者が書いた論文である。しかし、集団幻覚の事例を報告した論文は一つとしてなかった。つまり、明らかに周囲の環境には知覚の対象となるものがないのに、二人以上の人が同時に何かを見るとか聞くとかいった同じ経験をしたと見られる事例は、見つからないのである。*62

e　幻覚からキリストの復活という信仰は生じない。諸説ある幻覚説によってイエスの復活を説明できる範囲は、大幅に限られていて、イエスが十字架につけられた後で現れたことしか説明の対象としていない。言うまでもなく、これらの説によって、墓が空であったことは説明できない。弟子たちが幻覚を何度見たとしても、エルサレムの近くにあったイエスの墓が空でなかったら、イエスの復活をエルサレムで宣べ伝えることは決してできなかっただろう。

最初の目撃者たち

これまで述べたことに加えて、法的証言に関する古代の法制度について多少なりとも知識があったなら、次の事実は注目に値する。福音書に記されている、復活のキリストの顕現を最初に報告したのは女性たちだったのである。紀元一世紀のユダヤ文化では、女性には証人となる資格は認められていなかった。したがって、その時代、復活の物語を創作したかったら、女性たちが見つけたという話から始めようなどとは思わなかっただろう。女性の証言を含める価値があるとすれば、女性が証人であることを人々がどう思おうと、その証言が真実で、すぐに裏付けがとれる場合だけである。したがって、女性の証言を入れたということ自体、これが歴史的事実であることを示すもうひとつの証拠となる。

世界中にキリスト教会があることは、疑う余地のない事実である。最初の弟子たちの変化をどう説明できるだろうか。自分たちのリーダーが十字架刑に処せられてしまい、自分たちの宗教運動に襲いかかった苦難にすっかり落ち込んで、失望し、恐れまどっていた集団から、突如、力に満ちた世界的な宗教運動が噴き出し、急速にローマ帝国全体、ついには世界中に広まったのである。さらに特筆すべきことは、初代の弟子たちはみなユダヤ人だったことである。ユダヤ教といえば、異邦人の改宗に熱心とはいえない宗教である。キリスト教が、これほどまでに世界的な宗教運動に発展する起爆剤となったものは何だったのだろうか。

もし初代教会にこの質問をしたなら、たちどころに、それはイエスの復活だという答えが返ってくるだろう。[*63] 実際、弟子たちは、自分たちが生きている理由と目的は、キリストの復活の証人になることだと断言していたのである。つまり、教会が生まれたのは、何かの政治思想を広めたり、道徳的価値観の刷新運動をするためではなく、神が人間の歴史に介入し、キリストを死者の中からよみがえらせたこと、またキリストの名によって罪の赦しが与えられることを証しするためであった。このメッセージは、最終的には社会に対する重要な道徳的な意味を持つが、中心にあるのは、イエスの復活そのものである。

クリスチャンである理由の中に信じがたい奇跡が含まれているからといって、初代の信者たちの説明を拒絶したら、代わりに何を持ってくれればすんなり信じることができるというのだろうか。復活を否定したら、教会は存在理由《レゾンデートル》を捨て去ることになってしまう。それは歴史的にも心理的にも馬鹿げている。

ケンブリッジ大学のC・F・D・モールは、次のように書いている。

> 新約聖書によって疑いの余地なく裏付けられた出来事であるナザレ派の登場が、歴史に大きな穴——（キリストの）復活という形をした大きな穴——を開けたとすれば、非宗教的な歴史学者は、その穴を埋めるのに何を持ち出すことができるだろうか。……したがって、キリスト教会の誕生と急速な成長は、教会自体が差し出している唯一の説明を真剣に受け止めない限り、どの歴史家にも解決できない謎として残る。*64

この短い概説では、イエスの復活について得られる証拠の深さと広さの一部しか扱うことができない。もしもっと詳しく知りたければ、拙著『*Gunning for God*（未邦訳・神を追い求めて）』の最後の二章をお読みいただきたい。

キリスト教は反証可能だ

キリスト教に批判的な人々は、過去二千年間、イエスの復活の信憑性を失墜させようと躍起になってきたが、成功してはいない。なぜなら復活の証拠が頑強だからにほかならない。したがって残る課題は、私たちは証拠にそって判断するか、しないかである。

しかし、ここで私たちの探求は、さらに重大で、おそらく危険でもある道をたどらなければならない。他の人々の経験や主張だけではなく、あなた自身の経験を探らなければならないのだ。

第9章　個人的な次元

ここまで、私たちは復活のイエスに出会った初代のクリスチャンたちについて考察してきた。しかし、それ以降の歴史の中でほとんどのクリスチャンは、実際にイエスを見ることなくクリスチャンになっている。キリストは、このことについてとても重要なことを弟子のトマスたちに語っている。

「イエスは彼に言われた。『あなたはわたしを見たから信じたのですか。見ないで信じる人たちは幸いです。』」

（新約聖書・ヨハネの福音書二〇章二九節）

トマスたちは見て信じた。しかし、その後、イエスを見た人はほとんどいない。もちろん、だからといってキリストは後の時代の私たちに、何の証拠もなしで信じなさいと言っているわけではない。実際に見ることは、私たちに入手可能な証拠の一つにすぎない。同じことは日常生活の中でもある。私たちはみな、この目で見たことがなくても数多くのものを信じている。愛、原子、引力、地球の中心核などがある。だが、このようなものを証拠もなく信じているわけではない。ただ視覚的な証拠がない、というだけのことだ。

証拠と関係性

実は、先ほど引用したトマスの事件の記事のすぐ後に、ヨハネはなぜ福音書を書いたのかを説明している。

「イエスは弟子たちの前で、ほかにも多くのしるしを行われたが、それらはこの書には書かれていない。これらのことが書かれたのは、イエスが神の子キリストであることを、あなたがたが信じるためであり、また信じて、イエスの名によっていのちを得るためである。」

（新約聖書・ヨハネの福音書二〇章三〇～三一節）

まず最初に示されている証拠は、復活のイエスを見た人々の目撃証言である。ヨハネは福音書を書くことを通して、ある事実を（目撃していない）私たちに悟ってほしいと考えたのだ。その事実とは、イエスは自分自身が主張したとおりの人物である、ということである。すなわち、イエスはキリスト（メシア「救い主」）であり、神の御子（人となった神、ことばが人となった方）である。しかし、ヨハネの関心は、私たちがこの事実を信じるようになることだけでなく、これを土台として、人としてのイエスを信頼するようになり、イエスご自身が「永遠のいのち」と呼んだ新しいいのちを受け取るという、驚くべき経験をするということであった。

ある人物に関する事実を信じることと、その人と出会い、友として信頼するようになることとはまったく別だ。私はウィンストン・チャーチルについて多くの事実を知っているが、一度も会ったことはない。チャーチルは、私にとって友と呼べるような人物ではない。そして、たとえ彼に会っていたとしても、チャーチルは私のために自分のいのちを捨ててはくれなかっただろう。使徒ヨハネは、次のことを私たちに約束している。それは、イエスを信じた者は、イエス・キリストを通して神と生き生きとした個人的な関係を持つことができる、ということである。これは、他の何によっても得ることはできない。

会話がいったん個人的な話題に移ったら、科学の話ではなくなる。しかし、会話から理性がなくなるわけではない。科学的に知っていることと、個人として知っていることには根本的な違いがある。私があなたのことを知りたいと思っていると想像してほしい。私は、さまざまな方法であなたの身体を測定することもできる。身長や体重などだ。MRIを使ってあなたの体をスキャンして、内臓について多くのことを知ることもできる。さらに、あなたの脳をスキャンして、この瞬間に脳のどの部位が活性化しているかを検知することさえできる。しかし、科学や技術によっては、マチルダおばさんがなぜケーキを焼いたか判別できないように、先ほどの検査を使っても、私はあなたを知ることはできない。あなた自身が私に、ことばなどによって自分を表してくれないかぎり、私は決してあなたを知ることができないのだ。

ただし、あなたが私に自分を明かしてくれる過程で、非常に高度なレベルで理性が働く。私は、自分の知性を駆使してあなたが話すことを理解しなければならないし、あなたも、知性を使って私を理解しなければならない。

相手が神であってもそれは同じである。神は理論上の存在ではなく人格を持った方なので、神がご自身を明かしてくれてはじめて、私たちは神を知ることができる。聖書の中心的な主張はこうだ。神は私たちに語りかけられた。神は宇宙の壮麗さの中に、自らの栄光のさまざまな側面を私たちに明らかにされた。神はまた、聖書に書かれているように、何世紀にもわたって実に多くの手段で私たちに語りかけられた。しかし、その最も特別なものは、ご自分のひとり子を通して私たちに語られたことである。

「神は昔、預言者たちによって、多くの部分に分け、多くの方法で先祖たちに語られましたが、この終わりの時には、御子にあって私たちに語られました。神は御子を万物の相続者と定め、御子によって世界を造られました。御子は神の栄光の輝き、また神の本質の完全な現れであり、その力あるみことばによって万物を保っておられます。御子は罪のきよめを成し遂げ、いと高き所で、大いなる方の右の座に着かれました。」

（新約聖書・ヘブル人への手紙一章一～三節）

そして、イエス・キリストを通して神が語られたメッセージの核心は何だろうか。最初の手がかりは、イエスの名にある。

「マリアは男の子を産みます。その名をイエスとつけなさい。この方がご自分の民をその罪からお救いになるのです。」

（新約聖書・マタイの福音書一章二一節）

次に、イエス自身の語ることばにある。

「人の子も、仕えられるためではなく仕えるために、また多くの人のための贖いの代価として、自分のいのちを与えるために来たのです。」

（新約聖書・マルコの福音書一〇章四五節）

「こう言われた。『次のように書いてあります。「キリストは苦しみを受け、三日目に死人の中からよみがえり、その名によって、罪の赦しを得させる悔い改めが、あらゆる国の人々に宣べ伝えられる。」エルサレムから開始して、あなたがたは、これらのことの証人となります。』」

（新約聖書・ルカの福音書二四章四六〜四八節）

これこそ、初代のクリスチャンたちが行ったことであった。この人々は、あらゆるところに出て行き、古い生き方から方向転換する（悔い改める）ように人々に強く呼びかけ、イエスを信頼すれば、赦しを受けると伝えたのである。

使徒パウロがこのメッセージを、アテネの哲学者たちに語ったときのことばを聞いてみよう。

「そのように私たちは神の子孫ですから、神である方を金や銀や石、人間の技術や考えで造ったものと同じであると、考えるべきではありません。神はそのような無知の時代を見過ごしておられましたが、今はどこででも、すべての人に悔い改めを命じておられます。

なぜなら、神は日を定めて、お立てになった一人の方により、義をもってこの世界をさばこうとしておられるからです。神はこの方を死者の中からよみがえらせて、その確証をすべての人にお与えになったのです。」

（新約聖書・使徒の働き一七章二九～三一節）

キリスト教は、イエスは死んだが再びよみがえったという事実を主張するだけでなく、イエスの死と復活の出来事は私たちにとって大切な意味が暗示されており、それにどう応じるのかと私たちに迫るのである。

科学は、重大な道徳的問題を提起することができる。その問題に対し、私たちは道義的行動を起こす必要性を感じる。たとえば、科学は、地球温暖化や大気汚染や海洋プラスチックごみの危険性を私たちに教えてくれた。私たちは、道義心によって未来の世代のために、このような課題に対して何かしなければならないと悟る。しかし、道徳性を問題にするには、科学を超えた領域にまで到達しなければならない。その領域とは、（科学よりも）さらに大きく、もっと根本的なもの、すなわち、神との関係である。これは、重大な道徳的問題であって、その重大さは、この問題の解決には神の御子イエス・キリストの死が要求されるほどのものなのだ。

自分を理解する

あなたが自分に正直なら、罪はガンのようなものだと気がつくはずだ。罪は私たちの人生を台なしにし、平安、喜び、幸福を蝕んでいく。どの人も内面には何らかの欠けがあるが、もし私たちが正直になるなら、自分もそうであることを認めるだろう。

心理学者や進化生物学者は、その欠けのわけを説明しようとしている。説得力のあるものも、そうでもないものもあるが。しかし、心理学も進化生物学も、キリスト教ほどには、私たちの生《いのち》に関する直観と感情とに深く共鳴するような説明や答えを提供していない。キリスト教がこれほどまでに罪について語る理由は、病的なまでに罪の意識にとらわれているからではない。キリスト教が、人間の罪の問題に対する現実的な診断と、その治療薬を私たちに提供するからである。その薬によって、新しい、満足のいく意味ある生き方を得ることができるのだ。

したがって、キリスト教を退けてしまう前に、この診断と治療薬がどんなものなのか考えてみるのが賢明だろう。聖書の診断は、創世記に出てくるエデンの園の物語の中にある。エデンの園の物語は、あらゆる文学の中で最もよく知られた物語の一つであり、最も深い意味を持つものでもある。それは、創造主がどのように最初の人間たちを、約束と恵みに満ちた楽園に住まわせたのかを説明している。最初の人間たちは、楽園を楽しみ、楽園とその周囲の土地を心行くまで探索する自由が与えられていた。しかし、ひとつの木の実だけは神によって禁じられていた――「善悪の知識の木」である（旧約聖書・創世記二章一七節）。だが、この禁令は、人間性を損なうようなものとはほど遠く、他の生き物にはない道徳的な生き物としての人間の尊厳を確立するために不可欠なものであった。

道徳規範が現実的なものであるためには、人間にはある程度の自由がなければならない。というのは、道徳的判断ができるためには、善か悪かを実際に判断する選択場面がなければならない。そこには、道徳的な境界線が必要なのである。そこで、ひとつの木の実が禁じられたのである。人間は、そのひとつの他は、園にあるどの木からでも取って食べる自由が与えられた。神は人間に語った。そのひとつの実を食べた日には、必ず死ぬと。

この古い物語の伝えるところによれば、次いで、敵である蛇が神のことばを曲げて話しかけてきた。「神は人間を嘲《あざけ》っているのだ。美しい木々やいかにもおいしそうな木の実のある素晴しい園に住まわせておいて、その木の実を食べてはいけないと言うなんて。」蛇はまた、こうほのめかした。「神は、人間の自由を狭めたいのだ。だから、人間が神のようにならないようにしているのだ。」こうして、人間をだましたのである。

人類をその始まりから汚した「原罪」とは、その創造者である神に対する人間の精神の反乱である。この反乱によって、被造物である人間の、創造主に対する姿勢、他の人間に対する姿勢、そして被造世界に対する姿勢は変わってしまった。最初の人は、禁じられた木の実を手に取ったとたんに、恥と困惑と何よりも神との断絶を味わうことになった。人と神との関係が死に至ると、やがて避けることができない肉体の死がもたらされた。最初の男と女は、それまで神を喜び、神との親しい関係を築いていたが、今や、神は自分たちの敵となったと感じ、神を避けて身を隠したのである。

逃げ回る

私たち人間は、アダムとエバの時からずっと同じように逃げまわっている。人間の心の中には疑いが潜んでいるのだ。神は、もし存在すればだが、元来、私たちに対して敵意を抱いている、と。神は、私たちの性欲や食欲などの自然な喜びを禁じ、心理的に抑圧している、と。神は、私たちが人間の潜在能力を最大限に伸ばせないようにしている、と。もしかすると、あなたは今、そのように考えているかもしれない――神は威張った独裁者で、あらゆることの責任は神にあると想像しながら。

創世記の記述を表面的に読んだだけでも、このような不満はひどく歪曲した解釈によると言える。確かに、神は最初の人アダムを、不平不満の固まりではなく、好奇心を持つ存在として創造した。最初の人は、好奇心を満たすことを妨げられたわけではない。それとはまったく反対なのである。アダムたちが住んだ世界は、あらゆる可能性に満ちていた。神は、アダムたちに動物など、いろいろなものに名前をつけるという好奇心を満たす任務を与えた。これは、科学の基本となる作業でもある。神は人間に、ご自分が創造された宇宙を探求し、神の知恵という宝を発見することを望まれたのである。

「禁止されたこと」といえば、たったひとつ、あの木の実だけだったのである。それは、人間らしさを制限するようなものではなく、創造主との信頼関係を深めるためだった。人間に与えられた選択肢は、創造主に信頼し、そのことばを信じるか、独立するのだと言い張って、自分たちが手に入れられると夢見たものにしがみつくかであった。

その結果、聖書の下した診断は、私たち人間は罪という性質を受け継ぎ、自ら進んで罪を犯すようになってしまったということだった。私たちはあらゆる面で、この堕落した世界に浸透しているエートス（つまり、価値観や精神）に影響され、その力に抑えつけられている。新約聖書には、「すべての人は罪を犯して、神の栄光を受けることができず」（新約聖書・ローマ人への手紙三章二三節）とある。しかし、これは多くの人々にとって甚だしく不公平に見える。人々は言う、「私たちは、根本から病んだ生物種の子孫として産んでくれと頼んだ覚えはない。

なぜ、自分たちの知らない昔の人がやったことで咎められ、罪を負わなければならないのか」。このもっともな反論への答えは、先ほどの引用と同じく聖書のパウロの手紙の中にある。

「すなわち、ちょうど一人の人の不従順によって多くの人が罪人とされたのと同様に、一人の従順によって多くの人が義人とされるのです。」

（新約聖書・ローマ人への手紙五章一九節）

罪が世界に入り込んだことに対して、私たちには個人的に責任はないので、直接この状況全体を正す立場にあるわけではない。そこで、新約聖書に書かれている、人間の罪のために与えられた救いが意味を持つ。というのは、罪の救い（だけ）が、問題の大きさと釣り合いが取れるからだ。私たちは、自分でないだれかの行いのために罪人に定められたので、救いと贖いは、それとまったく同じ条件で、私たちが自由に受け取れるように提供されているのだ。すなわち、私たちのできることによってではなく、自分でない他の「ある人」の行為によって与えられる、ということである。このためにこそ自分は来たのだ、とイエスは語った。

「人の子も、仕えられるためではなく仕えるために、また多くの人のための贖いの代価として、自分のいのちを与えるために来たのです。」
（新約聖書・マルコの福音書一〇章四五節）

多くの人々は、罪の問題がいかに深刻かに気づいていないため、人の身代わりとなって苦しむことの本質的な意味は理解しがたいようである。その結果、誤解があふれている。その理由の一つは、人間が神から切り離されたことが及ぼすもうひとつの影響、つまり、神に受け入れてもらうには、善行や功績を積まなければならないという、よく広まった考えである。所詮、人生の多くのことは功績（能力）にかかっているところがある。大学入学資格や仕事や昇進などである。

その結果、「救い」は、それに何か意味があるとすれば、単に一種の宗教的規則のようなもので、それを守らなければ神に受け入れてもらえないと多くの人々は考える。たとえば、自分を愛するように隣人を愛するという道徳律や、定められた典礼や祭儀に従うことである。そこで、人々はこの規則を守ろうとしばらく頑張ってみるが、結局、そうすることはとても不快な奴隷状態になりかねないとわかる。そして、この企ては絶望的だと結論し（実際、これは正しい）、諦めるのだ。人々は思う、キリスト教はわかった。やってみた。うまくいかない。もうやめだ、と。

列車の中での会話

ここでの最大の難点は、「宗教」という概念である。私はこれまで多くの人に、「宗教とはどんなものと考えるか」と聞いて、調べてきた。一般的な意見は、宗教とは、教えや儀式によって自分たちを超えた何か、すなわち超越的な何かと人間を繋ぐもの、である。宗教は通常、入信の儀式、教理に基づいて従うべき道のり、その途上で積まれる善行によって死後に招き入れられる世界から成り立つ。

はっきり覚えているが、この問題について、きわめて珍しい状況の下で議論したことがある。北ハンガリーのある教会で講演を行い、ウィーン発の帰国便に乗るため、ブタペスト経由の列車に乗っていた。私は、二等車両の自分の予約席を見つけると席に着いた。座るなり、なんだか落ち着かない気持ちになった。このようなことは、それまで経験したことがなかった。はじめ席を間違えたと思い、切符を確かめてみたが、席は間違っていなかった。すると、一等車に行って、そこに座らなければならないという思いが浮かんできた。それがとても強い確信だったので、列車を降りて列車の前方に進んで行った。一等車は二両あった。その一両は、古びた車両で、もう一両は新品のような車両だった。列車が出発しようというとき、私はきれいな新しい車両に乗り込もうとしたが、おかしなことに足が一歩も動かないのである。脳卒中になったのかと、パニックに陥った。しかし、方向を変えてオンボロの車両に向かうと動けるのである。そうして、列車が駅から出るのと同時に、私はその車両に飛び乗った。

車両は個室《コンパートメント》になっていて、窓側の二つの席には両方とも乗客がいたので、私は扉のそばの座席に座り込んだ。すぐに落ち着いて普段どおりに戻ったが、先ほどの出来事にとても戸惑っていた。

目を閉じて少し休んでいると窓側の二人の男性が、私の知らない言語で静かに話していることに気がついた。しばらくすると、二人の会話はフランス語になった。私はフランス語ができたので、「こんにちは」と挨拶し、お互いの職業のことなど少し話をした。この二人は国際的な法律分野のベテランで、一人は大使、もう一人は国際司法裁判所の判事だった。私は数学者だと自己紹介した。

会話が下火になって私がうとうとし始めた頃、突然、男性の一人が「Voyez les croix!（十字架がいっぱいあるぞ!）」と言った。窓から見える墓地を指して、誰に聞くでもなくこう言った。「この国にクリスチャンはいるんだろうか。」私はそれに答えて、「確かにクリスチャンはたくさんいますよ。私はこの一週間、信者の人々と過ごし、聖書を教えていたんですよ」と話した。

「でも、それは理屈に合わないな」と返事があった。「あなたは数学者でしょう。いったい、どうして本気で聖書を信じることができるんです？　まあ、ともかく、直接神に近づくことはできます。砂漠の真ん中でもね。イエスだのマリアだのという仲介者の助けは必要ないのです。」

会話はしばらく続いた。その中で私は、自分の信仰は証拠に基づいたものであると言うと、もう一人の男性がこう言った。「さて、この列車が着くまでにあとまだ三時間あります。キリスト教と私たちの宗教の違いをご説明いただけませんか。」

私は、彼らの宗教の要点はどんなものか尋ねた。それから、私の答えを示そうと紙とペンを探した。見つからなかったが、車両の床が一面ホコリをかぶっていることに気がついたので、上の図をホコリの床に指で描くと、こう尋ねた。「あなたがたの宗教は、この図のようなものと言ってかまいませんか。」

「はじめに入信の扉があります。何かの儀式のようなものでしょう。あるいは、特定の集団に生まれながらに所属しているのかもしれません。そうして、この曲がりくねった道を歩み始めるわけです。あなたを教え、導いてくれる人々（図の学帽で表す）がいます。その道を進む中で、どれくらいうまくできるかによって、上り坂になったり下り坂になったりします。やがて、死ぬときに最後の評価を受けます。正義の天秤がそれです。あなたの人生が査定されるのです。来るべき輝かしい世界に入る許可をもらえるかどうかは、あなたの善行が悪行を上回るかどうかにかかっているのです。」

「これは成果主義による制度ですから、教師、助言者、導師、司祭、ラビがどんなに優れていても、最終評価であなたがパスすると保証はできません。別の言い方をすれば、これは大学みたいなものです。まず最初に必修科目を修めなければなりません。それからカリキュラムに沿って進んでいき、最終試験に臨むというわけです。教授やそのほかの先生方がどんなによい人で親切であっても、学位が取得できる保証はありません。それは、最終試験の成績によって決まるからです。」

二人の男性は、私の説明に合意して、これが自分たちが信じているものだし、宗教を信じる人々がすべて信じていることだ、これが宗教の本質だと言った。それだけでなく、二人が言うには、あらゆる宗教で道徳的教えの多くが共通しているとも言った。

「なるほど、そうすると私は宗教を信じる人ではないことになります」と、私は言った。

「でも、あなたはクリスチャンと言ったではありませんか」と返してきた。

「ええ、私はクリスチャンですよ。これから申し上げることは、あなたの元々の質問の答えになるはずです。私が信じるものとあなたがたが信じるものの違いは何か、という質問です。しかし、まず言いたいのは、いろいろな宗教に共通した道徳的教えが多くあることに私も同意します。たとえば、よく『黄金律』と呼ばれるものがありますね。その一つが『自分にしてもらいたいように、人にもそのようにしなさい』です。この道徳律は、どのような神も信じない宗教や哲学を含め、世界中のあらゆる宗教や哲学に見られます。


違いが現れるのは、人間が唯一神や神々とどのような関係にあるのかという疑問にどう答えるかです。私の描いた図は、多くの人々が共通して持っている宗教観と言えます。しかし、キリスト教のメッセージは違います。キリスト教では、最後の審判の時に神に受け入れられるかどうかは、善行の積み重ねによるのではありません。この点について、キリスト教の教えは根本的に違っています。キリスト教では、入信の道の出発点で、神に受け入れられるのです。また、この最初のステップは、乳児や大人に対して行われる儀式や典礼ではなく、イエス・キリストという一人のお方への献身です。献身には、次のことを信じることが含まれます。キリストは人となった神であること、この世に来られ、私たちの罪の代価としてご自分のいのちを捨てくださったことを、です。罪は私たちを神から遠ざけてしまいます。」

ここで、私は床に描いた図のはじめのところの扉に、十字架を描いた。

「さて」と、私は言った。「先ほどの質問の答えをお望みなら、判断を下す前によく聞いて考えてください。」

「続けてください」と、二人は言った。

「イエスが言ったことはこうです。『わたしのことばを聞いて、わたしを遣わされた方を信じる者は、永遠のいのちを持ち、さばきにあうことがなく、死からいのちに移っています』（新約聖書・ヨハネの福音書五章二四節）。このことばは、イエスは、自分が人類の最終審判者となる、という驚嘆すべき発言が前提となっています。」

私は窓側の席にいる判事のほうを向いて、言った。「判事さん、私があなたに自分の陳述を申し上げ、あなたが、私は無罪だと宣言したとしましょう。そのことばを信じてもいいのでしょうか。」

彼は、ムッとして言った。「もちろんです。私は判事です。私が最終的に判断を下すのです。もし私が、無罪だと言えば、あなたは無罪なのです。」

「ええ、まったくそのとおりですね」と、私は応じた。「イエスは、この宇宙全体で最高位の審判者です。そして、その教えはこうです。もし私たちが個人的に彼を信頼すれば、私たちを神の前で正しい者と宣言してくれるのです。というのは、イエスご自身が十字架の上で、私たちが自分の罪のために受けるべき有罪判決の代価を支払ってくださったからです。さらに、その証拠は、初期のクリスチャンである使徒パウロがアテネの哲学者たちに向かって語ったように、神は、イエスを死者からよみがえらせることによって、これが真実であることの保証を与えているのです。」

しばらくの間、車両の中には沈黙があった。それから、大使が判事に言った。「キリスト教と、私たちが普通宗教と思っているものには大きな違いがあるね。」私のほうに向いて、こう言った。「そして、すべてはイエス・キリストがどんな人物かにかかっているんですね。」

「そのとおりです」と私は答えた。

それから、二人は私にこう話した。彼らは、その週末にウィーンで高官レベルの会議に出席した後、一日休暇が取れた。二人は大使館に車を出してもらってブタペストに来た。ほとんど一日そこで過ごし、帰途についたところだったという。車は鉄道の駅の近くで故障してしまい、鉄道を使うしかなくなってしまったというのだ。

「私たちは普段、列車に乗ることはないんです。もう何年も乗ったことはなかったのです」と言った。

「それなのに、列車であなたに出会い、話をしている。それも、今まで経験したことのないような、私たちが出た世界の主要大学でもできないような話をです。これをどう説明されますか。」

私は答えて言った。「とても簡単です。私は、神の導きというものがあると思っています。これはその例です。」

この経験談を通して、宗教についての従来の見方とキリスト教の中心の違いを示そうとしているだけではない。もう一つ重要な点を伝えたいと思っている。つまり神は、学問的とか哲学的な意味で存在するのではない。神は生きておられ、この世界に働きかけられる。私たちの人生に介入され、私たちに手を差し伸べ、創造を通して、また、究極的には神の子イエス・キリストを通して私たちに語られる。私は、人生の中でとても多くの「奇遇」を経験しているので、それらを偶然の幸運といって片付けることはできない。この列車での経験は、そのうちのひとつにすぎない。

そして、親愛なる読者であるあなたは、この本を読んでくださっている。あなたは、この本を友だちからもらったのかもしれないし、なんとなく手に取ったのかもしれない。神について深い疑問があるのかもしれないし、単に知的好奇心を持っているだけかもしれない。厚かましくもこう言ってよいだろうか。あなたがこれを読んでいるのには理由があるのだと。全宇宙の神がそうされたので、あなたはそこにいて、この本を手に取っている。ひょっとすると、それはあなたが神に近づくためなのかもしれない。

神について、またどのように私たちが神と繋がるのかについて、もしかすると多くの人々と同じように、あなたの考えは間違っているかもしれない。だとすれば、この本は、そのことに目を向けるようにと呼びかける神の手段なのだ。考えてみる価値があるはずだ。

神とつながるには

私は列車の床に描いた絵[*65]を使うことが多くあるが、もうひとつ別の例を使って、絵に込められたメッセージを詳しく説明することがある。想像してほしいのだが、私がある女性と出会って、好きになり、プロポーズすることを決心したとしよう。私は彼女のところに行って贈り物を渡す。彼女は、「これはなあに？」と尋ねる。私は、「開けてごらん、説明するから」と答える。彼女が開けると、それは人気の料理本だ。彼女がお礼を言うと、私はこう言う。「この本には素晴らしい料理の作り方や、そのための決まりがたくさん出ているんだ。ぼくはきみが大好きだから、ぼくの奥さんになってほしい。」それからこう続ける。「きみが料理の決まりと作り方を守って、ぼくのために最高の料理を、そうだな、これから四十年、作ってくれたら、ぼくの奥さんに迎えてもいいと思うんだ。それができなかったら、お母さんのいる実家に帰ってもらう。」

　もちろん、これはバカげた話で、彼女が料理本を投げつけて二度と口をきいてくれなかったとしても、私が受けるべき仕打ちとしては、優しいほうだろう。それはなぜか。なぜなら、私のプロポーズは、人として極端に侮辱的な態度だからである。それは、彼女が台所でどんな料理をするのか、出来栄えを何年も見てからでないと結婚しないと言っているのだから。

　私たちはこのように人を扱うなど、夢にも思わないだろう。人間関係はこんな形では形成されない。しかし、驚くべきことに、要求に従う女性の姿がまさに多くの人々が神に対してとる態度なのである。一五七頁の図の曲がりくねった道が表すように、人々は、いつか神に受け入れてもらいたいと願いながら、善行を重ねる。人間同士でもこのやり方はあり得ないことは誰にでもわかる。神との間でも同じだ。というのは、神とは人格を持った方で、私たちはそれに似せて創造されたからである。しかし、自分たちのプライドのせいで、私たちはこのことに気づかないことが多い。驚くことに、救いを手に入れるために神に仕えようとするのに、神を信頼しようとしない人々がなんと多いことか。

　もう一度強調しておく価値があるだろう。キリスト教では、「救い」とはまさしく次のとおりである。自分で自分を救えない人間を救うために、神ご自身が働いてくださる。その中心には神の恵みという素晴らしい教理がある。すなわち、誰でも、その人がどんな人間であっても、過去に何をしたとしても、もし望むなら、赦しを得ることができ、新しいいのちと神との交わりを持つことができるという教えである。

神の赦しを見いだす

ここから、キリスト教のメッセージの中心的ポイントが浮かび上がる。私が列車の中で二人の法律家たちに話したこと、つまり、イエスが人類の最終審判者だということである。キリストは、地上生涯の中でこれを主張し、どのように審判が行われるのか、次のように語った。

「神が御子を世に遣わされたのは、世をさばくためではなく、御子によって世が救われるためである。御子を信じる者はさばかれない。……」
（新約聖書・ヨハネの福音書三章一七～一八節）

善行を積むことによって神に受け入れてもらえると考える人は、はっきり言って、神の審判という視点から見ると、自分がどういう立場にあるのかがわかっていない。その理由はこうだ。

私たちはみな、不完全、時には非常に不完全、であると自覚している。人間の基準でもそうなのだから、神の基準ではなおさらである。神の律法を真剣に受け止めれば受け止めるほど、私たちは自分がいかに罪深いか自覚するようになる。しかし、多くの人が期待するのは、審判（裁き）になったら、神は基準を緩めて、私たちの犯した過ちを甘く見てくれ、受け入れてくれることだ。こうして、神は聖なる方なのでそのような妥協はできないし、することもないことを見落としてしまう。神の基準は完全なので、「律法全体を守っても、一つの点で過ちを犯すなら、その人はすべてについて責任を問われる」（新約聖書・ヤコブの手紙二章一〇節）のである。こんなことは理不尽だと言うのは、船と錨をつなぐ鎖の環が一つ切れて、船が流されてしまっても、切れたのはたった一つの環なのだから鎖は悪くないと言うようなものだ。ものごとの関係の本質には、たった一つでも致命的になるという原理があるのだ。

裁きを逃れる唯一の方法は、キリストが愛をもって語るように、善行によって神に受け入れられようとすることをやめ、その代わりにキリストの救いを信じることである。もう一度繰り返そう。神に受け入れられるのは、完璧という基準を満たしたらではない。どうやったとしても人間にはそれは不可能なのだ。よき知らせは、新約聖書が繰り返し述べるように、救い――これによって神は私たちを受けて入れてくださる――は、神の恵みによって賜物《ギフト》として与えられるということだ。

「この恵みのゆえに、あなたがたは信仰によって救われたのです。それはあなたがたから出たことではなく、神の賜物です。行いによるのではありません。だれも誇ることのないためです。」

（新約聖書・エペソ人への手紙二章八〜九節）

しかし、賜物《ギフト》がすべてそうだが、受け取らなければ始まらない。何もしなくていいというものではない。悔い改めて、自分の意志で神を信頼しなければならない。この論理は重要である。人間が最初に神に反抗したとき、神を信頼せず、自分の道を行こうとしたので、神に立ち返るためには、その態度を悔い改め、神を信頼することを学ばなければならない。これには、次のことが含まれる。

1　悔い改め　心に変化が生まれ、自分は罪人で、神の怒りを買っていることを悟ること。神の審判に同意し、自分の中に罪があり、それが自分を損なっていることを認めること。罪に背を向けること。そして、イエスは、私たちが受けるべき裁きをその身に負ってくれたことを自覚すること。

2　信仰　私たちが自分の力で獲得したり与えたりできない救いという賜物《ギフト》を、自分の意志による献身と信頼をもって、キリストから受けること。

こんなことはあり得ないと反対する人々もいる。なぜなら、もし救いが善行によって決まるのでないなら、私たちが好きなように楽しく暮らしても、神は私たちを受け入れてくれることになるからと言うのだ。そうではない。このような態度をとる人は、悔い改めとは何かがわかっていないと言わなければならない。意図的に罪の中に留まり続けようという人に、救いはない。

というのは、キリストとの関係は結婚関係と同じなのである。前に述べたように、結婚では夫と妻という関係が始まると同時にお互いを受け入れるように、悔い改めて、キリストに信頼をおいた瞬間に私たちは受け入れられる。それから後は、キリストを喜ばせるために生きたいと思うのであって、受け入れてもらうためではない。もうすでに受け入れられているのだから。これと違う生き方をするなら、救いの本当の意味がまったくわかっていないことになる。

「すべてはイエス・キリストがどんな人物かにかかっているんですね。」ハンガリーであの日、列車の中で会話した、あの大使のこのことばは、キリスト教の核心はイエス・キリストという一人の人であることを捉えていた。そのメッセージが意味を持つのは、キリストご自身が主張したとおりの人物である場合にのみである。すなわち、キリストが本当に人となった神であり、救い主であれば、だ。これは途方もない主張である。だからこの本で、幅広い情報源から得られる、この主張の真実性の根拠を挙げてきたのである。

この章は、前章の科学的な考察から離れたように見えるかもしれない。確かにある意味ではそうだ。しかし、そうでないとも言える。まず、すべての科学でそうするように、合理的な探求という方法をとってきた。次に、今ここで、私たちはまさに科学的な概念をキリスト教に応用したらどうなるかという問題を吟味するところまでたどり着いた。その概念とは、検証可能性である。

私たちの探求の旅は、最終段階を残すのみとなった。

第10章　実験室に入る——キリスト教の真実性を検証する

科学では、新しい考えや仮説、理論の検証は非常に重要な役割を果たす。たとえば、航空宇宙工学のエンジニアは、新しい航空機を設計する際、試作機を製作し、徹底的にテスト飛行と検査と再テストを行って、何百人もの乗客を乗せて安全に世界中を飛べるという信頼性を確保する。

これを踏まえて、私が科学者であり、クリスチャンでもいられるのはどうしてかと聞かれることがよくある。科学ではあらゆることが検証可能だが、キリスト教には検証可能なものは何もないからというのだ。繰り返すが、この意見は、科学とキリスト教信仰の両方を根本的に誤解していることを露呈している。まずはじめに、検証されていない重要な科学理論があることを忘れてはならない。その一例として、ブラックホールには熱的な放射があるという故スティーヴン・ホーキングの予測がある。この予測を裏付ける実験を考案した人は、ノーベル賞を受賞するだろうと広く考えられている。

第二に、キリスト教は検証可能である。これはすでに、事実の検証という形でかなり行ってきた。キリスト教のメッセージが、無神論的世界観に対してどのように対抗できるのかを考え、文書としての聖書の信頼性について議論し、また、イエスの復活の証拠を吟味した。

キリスト教は、また個人のレベルできわめて検証可能なものだ。もしそうでなかったら、私自身、キリスト教に興味を持たなかっただろう。では、どのように検証できるのだろうか。自分の罪を悔い改め、イエスに信頼をおいて救いを受けた人々に対するイエスの約束を考えてみてほしい。神との平和、赦し、新しい力と望みとチャンスにあふれた新しい生き方、神との新しい交わりと友情、クリスチャンたちのコミュニティへの深い愛、神に仕える新しい生活、人間の繁栄の可能性、そして、人生の痛みや苦しみに対処する底力――このようなものがすべて、新しい意味を持った人生にあふれてくるのである。

それを確かめるのは難しいことではない。

まず最初に、新約聖書を読んでみよう。そして、イエスや使徒たちが伝えたメッセージが、彼らと関わった人々にどのような影響を与えたかを知る――愛されていない人々に愛を届け、精神的に不安定な人々に安定を与え、病気を患う人々には癒やしを、希望を失った人々には新しい希望、見捨てられた人々には救いを届けたのである。

イエスの時代に起こったことは、現在も起こるのだ。

講演会で聞いた叫び声

しばらく前、私はアメリカの主要大学で講義を行い、キリスト教の信憑性について語った。講義が終わるやいなや、二階席にいた中国系の学生が立ち上がり、大声で叫んだ。「ぼくを見てください！」私も聴衆も驚いて、一斉にそちらを向いた。私はこの学生に言った。「なぜみんな、きみを見ないといけないのかい？」学生の返事はこのようなものだった。「六か月前、ぼくの人生はめちゃくちゃでした。心は休まらず、行き詰まっていました。ぼくは、他の大学で開かれたあなたの講演に誘われました。講演の中でおっしゃったことが心に響き、それに応答しました。数週間後、キリストに自分の人生を明け渡しました。今のぼくを見てくださ い！」この学生は、私たちがみな見てわかるくらい喜びで輝いていた。彼はキリスト教を試してみて、それが真実であることを発見したのである。

このような証しは、さまざまな立場や職業の人々の人生で繰り返しなされている。麻薬中毒者や会社の重役、配管工や警察官、科学者や学生や清掃作業員。科学的探求精神の根本からいって、このような事例が一つ一つ繰り返されるたびに、キリスト教が真理であることの証拠が積み上がると言える。

それは、このように起こることが多い。ある人に出会い、その人が悩みを打ち明けてきたとしよう。それは、人間関係やお金の問題であったり、アルコールや麻薬、ストレス、鬱など数えきれないほどの問題がある。それからしばらくして、その人とまた出会うと、その人はまったく変えられている——結婚生活が回復した、食卓にアルコールや麻薬ではなく食べ物がのるようになった、精神状態が改善したなど、明らかに健全で、安定を保ち、人生に意味を見つけていた。何があったのですか、と聞くと、いろいろな言い方の答えが返ってくる。

——キリストに出会いました。

——もう出口がないと思っていたら、キリスト教のメッセージを教えてくれる人がいて、私は自分の間違ったやり方から離れ、キリストを信じました。

——新約聖書を読んで、これが真理だと心から思ったので、キリストに心を向けました。

——クリスチャンになりました。

このような、キリストの救いを得た人々に繰り返し生じる変化を考え合わせれば、自ずと答えは出るだろう。なぜなら、これらの人々の経験には、人生を変革するキリストの力を証しする圧倒的な証拠があるのだから。

懐疑主義の果てに

「懐疑的（sceptic）」の語源となるギリシア語は「スケプテイン（skeptein）」で、これは「距離をとって調べる」を意味する。このような態度は、欺かれないために重要である。そのため、本書では時間をとって、キリスト教をめぐる根拠や議論、考え、証拠などを精査してきた。しかし、できるかぎり吟味した後、キリスト教との距離を縮めて前に進む時が来る。

もしあなたが、私でも誰であっても、その人と距離をおいていたら、知り合いになることはできない。もし私と知り合いになりたいと思ったら、距離を縮めて話をすることが必要になる。そのように関わり合いを持たなければ、人間関係とは何かもわからないだろう。それは相手が神であっても同じである。距離をとってものごとを調べることは可能であり、必要でもある。しかし、それは最初のステップにすぎない。キリスト教の真実性について決定的な根拠を得るためには、距離をとることをやめ、悔い改めてキリストに信頼しなければならないのである。

私は、六十年以上前にそのステップを踏んだ。そして、キリストの約束が真実であることは、私の人生で歩んだすべての道のりが証ししている。家庭生活や大学人生、また、幅広い社会の人々にキリスト教のメッセージを語る機会などである。しかし、私の経験はあなたの代わりにはならない。あなたは自分でこの変革を経験することができるし、しなければならないのである。*66

究極的実験

科学ですべて解明できるのだろうか。私が思うに、それが不可能であることは火を見るよりも明らかだ。

科学とキリスト教は調和するだろうか。答えは、「はい、します」である。私は、科学とキリスト教が非常によく調和することを示せたと思っている。しかし、忘れてはならないのは、科学は、興味の尽きないものではあるが、私たちを取り巻く世界を解明するものであって、それ以上ではない。キリストは、この世界と私たちを生じさせた方である。この事実の意味の重大さを捉えることは簡単ではない。使徒パウロは次のように語っている。

「御子〔キリスト〕は、見えない神のかたちであり、すべての造られたものより先に生まれた方です。なぜなら、天と地にあるすべてのものは、見えるものも見えないものも、王座であれ主権であれ、支配であれ権威であれ、御子にあって造られたからです。万物は御子によって造られ、御子のために造られました。御子は万物に先立って存在し、万物は御子にあって成り立っています。また、御子はそのからだである教会のかしらです。御子は初めであり、死者の中から最初に生まれた方です。こうして、すべてのことにおいて第一の者となられました。なぜなら神は、ご自分の満ち満ちたものをすべて御子のうちに宿らせ、その十字架の血によって平和をもたらし、御子によって、御子のために万物を和解させること、すなわち、地にあるものも天にあるものも、御子によって和解させることを良しとしてくださったからです。」　（新約聖書・コロサイ人への手紙一章一五～二〇節）

イエス・キリストを知ることができなかったら、人生の究極的な目的と喜びを逃してしまう。しかし、あなたに向けてキリストはこう語られる。「私があなたの身代わりとなったから、あなたには何も逃すものはない。」

注

1章

1 *New Scientist*, Issue 2578, 18 November 2006.

2 その当時、私は知らなかったのだが、不思議なことにベルクソンは後年、正統的な神観を持つようになった。彼はユダヤ人だったのだが、一九三七年の遺書の中で、もしヨーロッパで反ユダヤ主義の波があのように高まらなかったらキリスト教に改宗していただろうと告白している〔訳注・同胞であるユダヤ人を見捨てられなかったということ〕。

3 バラク・アバ・シャレヴ著の『*100 Years of Nobel Prizes*（ノーベル賞の百年）』によれば、一九〇一年から二〇〇〇年までのノーベル賞受賞者を調べたところ、受賞者の六四・五％が宗派はさまざまだがキリスト教を自分の宗教として選択すると回答した（四百二十三人）。全体で見ると、ノーベル平和賞ではクリスチャンが七八・三％、化学賞では七二・五％、物理学賞では六五・三％、医学賞では六二％、経済学賞では四％、文学賞では四九・五％であった。

4 ショーン・キャロル『この宇宙の片隅に――宇宙の始まりから生命の意味を考える50章』松浦俊輔訳、青土社、二〇一七年。

5 goo.gl/uPDpNC からの引用（二〇一八年八月一日にアクセス）。

6 C・S・ルイス『奇跡――信仰の理論』柳生直行訳、みくに書店、一九六五年。

7　C.A. Russell, "The Conflict Metaphor and Its Social Origins", *Science and Christian Belief*, 1 (1989) pp 3-26.

2章

8　スティーヴン・ホーキング、L・ムロディナウ『ホーキング、宇宙と人間を語る』佐藤勝彦訳、エクスナレッジ、二〇一一年。

9　*The Guardian*, Wednesday 6th April 2011.

10　「なぜ」という問いであっても、目的を問うものと違って、機能（働き）を問うものは、通常、科学の領域に含まれると考えられている。

11　P. B. Medawar, *Advice To A Young Scientist* (Harpercollins Childrens Books, 1979),

12　Andrew Sims, *Is Faith Delusion?* (Continuum Books, 2009), p. xi.

13　Gott: Eine kleine Geschichte（München, Pattloch, 2007).

14　The New York Review of Books（二〇一八年七月二十八日にアクセス）を参照。

15　goo.gl/yNb94X（二〇一八年十月二十三日にアクセス）を参照。

16　ヴィトゲンシュタイン『論理哲学論考』野矢茂樹訳、岩波書店（岩波文庫）、二〇〇三年。

17　リチャード・ファインマン『科学は不確かだ！』大貫昌子訳、岩波書店（岩波現代文庫）、二〇〇七年。

18　一九三六年に、ある女子生徒からの手紙で「科学者は祈るのですか」と聞かれたときの回答。同じ手紙でアインシュタインはこうも書いている。「科学を真剣に探求している人は誰でも、精神は宇宙の法則の中に反映されているに違いないと考えています。その精神は、人間の精神よりもはるかに優れたもので、それを前にしたときに限りある力しか持たない私たちは謙虚な気持ちになります。」goo.gl/m9Shk2（二〇一八年七月二十五日にアクセス）。

19 Dorothy Sayers, "The Lost Tools of Learning" in Ryan N.S. Topping (ed), *Renewing the Mind* (Catholic University of America Press, 2015), pp 230.

20 スティーヴン・ホーキング、L・ムロディナウ『ホーキング、宇宙と人間を語る』。

21 スティーヴン・ホーキング『ホーキング、宇宙を語る——ビッグバンからブラックホールまで』林一訳、早川書房、一八八九年。

22 カオス理論（初期状態に対する鋭敏性）にそって考えれば、ここで言っている予測は、実質的には、ボールが最初に数回跳ね返る時の運動にしか通用しないことも十分承知している。

23 Clive Cookson, "Scientists who glimpsed God", Financial Times, April 29, 1995, p. 50を参照のこと。

24 C・S・ルイス『奇跡——信仰の理論』。

25 *New York Times*, 12 March 1991, pp 9.

26 リチャード・ドーキンス『神は妄想である——宗教との決別』垂水雄二訳、早川書房、二〇〇七年。

3章

27 リチャード・ドーキンス『神は妄想である――宗教との決別』。

28 Richard Bauckham, *Jesus and the Eyewitnesses: The Gospels As Eyewitness Testimony*, (Eerdmans, 2017).

29 テンプルトン賞受賞演説（一九九五年）goo.gl/bXag3s（二〇一八年七月十一日にアクセス）。

30 www.nature.com/articles/146605a0.pdf（二〇一八年十月二十三日にアクセス）。

31 J. Polkinghorne, *Reason and Reality* (SPCK, 1991), p. 76.

32 *Communications in Pure and Applied Mathematics*, vol. 13, No. 1, February 1960 (John Wiley & Sons).

33 Letter to William Graham, 3rd July 1881. The University of Cambridge Darwin Correspondence project, goo.gl/Jfyu9Q（二〇一八年六月二十八日にアクセス）

34 ジョン・ポーキングホーン『科学と宗教――一つの世界』本多峰子訳、玉川大学出版部、二〇〇〇年。

35 ジョン・グレイ『わらの犬――地球に君臨する人間』池央耿訳、みすず書房、二〇〇九年。

36 Thomas Nagel, *Mind and Cosmos* (OUP, 2012), p. 14.

37 C・S・ルイス『奇跡――信仰の理論』。

4章

38 Armand Marie Leroi, *The Lagoon — How Aristotle Invented Science* (London, Bloomsbury, 2014).

39 Antony Flew, *There is a God* (Harper Collins, New York, 2007), p. 123.

40 John Lennox *God's Undertaker* (Lion, 2009), p. 34.

41 New York Review of Books, 9 January, 1997.

42 ところで、念のためにだが、私がこのようなことを書くことは決してない。なぜなら、それは偽りだから。

5章

43 フランシス・ベーコン『学問の進歩』服部英次郎・多田英次訳、岩波書店（岩波文庫）、一九七四年。

44 しばしばプトレマイオス体系と呼ばれる。

45 John Hedley Brooke, *Science and Religion: Some Historical Perspectives* (Cambridge University Press, 1991) p. 96.

46 John Calvin, Commentary on the Book of Psalms Vol. IV (Grand Rapids, Eerdmans, 1949), pp. 6-7.

47 ヘブル語学者C・ジョン・コリンズ『創世記』(*Genesis 1-4*, P&R Publishing, 2012, p 51) による。

48 創世記の最初の数章に関する私の解釈に興味のある方は、拙著『*Seven Days That Divide the World*』を読んでいただきたい。

6章

49 リチャード・ドーキンス『神は妄想である――宗教との決別』。

50 フランシス・コリンズ『ゲノムと聖書――科学者、〈神〉について考える』中村昇・中村佐知訳、NTT出版、二〇〇八年。

51 *Suffering Life's Pain: Facing the Problems of Moral and Natural Evil* (Myrtlefield House, 2018).

7章

52 "Sources and Methods" in *The Cambridge Companion to Jesus* (Cambridge University Press, 2001), p. 124.

53 J. and S. McDowell, *Evidence That Demands a Verdict* (Harper Collins, 2017), pp 55-60.

54 Frederic George Kenyon, *Our Bible and the Ancient Manuscripts* (Harper, 1958), p. 55.

55 A・N・シャーウィン・ホワイト『新約聖書とローマ法・ローマ社会』保坂高殿訳、日本基督教団出版局、一九八七年。最近の古典学者が表している同様の主張については、Mark D. Smith, *The Last Days of Jesus* (Lutterworth, 2017) を参照のこと。

56 イエスに関連する文献は数多くある。それには、紀元一世紀の四つの報告〔訳注・福音書を指すと思われる〕、パウロからの数多くの書簡、ヨセフスの歴史書が含まれる。ヨセフスは当時の多くの人物や事件を記録している。文献に関する問題についてもっと情報を得たい場合は、R. Stewart (ed.), *The Reliability of the New Testament* (Fortress, 2007) の論考を参照のこと。口述された伝承の重要性に関する議論は、R. Bauckham, *Jesus and the Eyewitnesses*、およびD. Wenham, *Did St Paul Get Jesus Right?* (Lion, 2010) を参照のこと。

8章

57　ヨセフスの記述は後年粉飾された可能性があると学者たちは信じているが、原文には、イエスの処刑について確かに言及されていると、おおむね意見は一致している。

58　これより前の時代、イエスの生涯は口述の伝承のかたちで伝えられていたと思われる。口述伝承は、識字率の低い社会で重要な思想が保持され伝えられるための主要な方法であった。

59　Michael Grant, *Jesus: An Historian's Review of the Gospels* (Charles Schribner & Sons, 1977), p 176.

60　ゲルト・リューデマン『イエスの復活―実際に何が起こったのか』橋本滋男訳、日本基督教団出版局、二〇〇一年。

61　William Lane Craig, *Reasonable Faith: Christian Truth and Apologetics* (Crossway, 2008), p 394.

62　W.A. Dembski and M.R. Licona, *The Evidence for God : 50 Arguments for Faith from the Bible, History, Philosophy, and Science* (Baker, 2010), p. 178.

63　新約聖書の最も古い書に復活の主（イエス）について述べられている。

64　C. D. Moule, *The Phenomenon of the New Testament* (SCM Press, 1967), p. 3, 13.

9章

65　このイラストの原型は、私の長年の友人であり、師であり、同僚であるデイヴィッド・グッディングMRIA〔訳注・Member of Royal Irish Academy の略〕教授に負うところが大きい。

10章

66　Marcus Nodder の著書、*City Lives: True Stories of Changed Lives from the Workplace*（10 Publishing, 2018）を推薦する。この本には、キリスト信仰を見いだした多くの人々の物語が描かれている。

ジョン・レノックスの著書

- ***God's Undertaker: Has Science Buried God?*** (Lion, 2009).
  この本で、私はリチャード・ドーキンスが『神は妄想である』の中で展開している主張を詳細に論じている。
- ***Seven Days That Divide the World: The Beginning According to Genesis and Science*** (Zondervan, 2011).
  創世記の最初の数章が、宇宙、地球、人類の起源に関する証拠とどのように関連するかを論じている。
- ***God and Stephen Hawking: Whose Design Is it Anyway?*** (Lion, 2011).
  宇宙の起源に関するホーキングの説に関する批評。
- ***Gunning for God: A Critique of the New Atheism*** (Lion, 2011).
  無神論を主導する人々が表明する有神論に対する批判の総括とそれに対する反論。

参考図書

- リチャード・ドーキンス『**神は妄想である――宗教との決別**』垂水雄二訳、早川書房。ドーキンスの、熱はこもっているが欠陥のある無神論擁護論。

・Christopher Hitchens, ***God Is Not Great: How Religion Poisons Everything*** (Atlantic Books, 2008).

私はクリストファー・ヒッチンスと二度公開討論《ディベート》を行った。私は、ヒッチンスの観点には全面的に反対だが、彼は慎重にものごとを考える思慮深い人物だと思う。

・Ronald L. Numbers, ***Galileo Goes to Jail and Other Myths about Science and Religion*** (Harvard University Press, 2010).

無神論、不可知論、キリスト教を主導する学者たちが寄稿して、科学と宗教は戦争状態にあるという、よくある思い違いをあおる根拠のない作り話を一掃する。

・Peter Harrison, ***The Territories of Science and Religion*** (University of Chicago Press, 2015).

科学と宗教の領域と、両者に関して私たちが誤解していることを再評価した、非常に興味深い内容。

・C・S・ルイス『**キリスト教の真髄**』柳生直行訳、新教出版社、一九七七年。

ことば遣いは少し古いが、この小冊子は今でも力強いパンチにあふれており、神に関する多くの人々の認識を変えてきた。

・Marcus Nodder, ***City Lives: True Stories of Changed Lives from the Workplace*** (10 Publishing, 2018).

この本は、神に対する信仰は心の弱い人や知的に劣った人のためにあるという考えを払拭する。この本には、キリストの信仰に至った、あらゆる立場の人々の物語を数多く収めている。

・**聖書**

私はいつも、成人した人で、福音書を一冊も読んでいない人がいかに多いかに驚いている。

マタイ、マルコ、ルカ、ヨハネの四福音書は、新約聖書に収められているイエスに関する伝記である。これらの目撃証言を読み、イエスの教えについて考えることは決して時間を無為に費やすことにはならない。

• リー・ストロベル『**ナザレのイエスは神の子か――「キリスト」を調べたジャーナリストの記録**』峯岸麻子訳、いのちのことば社、二〇〇四年。

ストロベルは、この調査を始めたときは無神論者であった。彼の調査は、さまざまな学問分野と経歴を持った十名以上の専門家にインタビューして行われた。

謝辞

The Good Book Company のティム・ソーンボロに心から感謝します。彼がまず最初に、この本を書くように勧めてくれました。そして、多くの有益で洞察にあふれる意見を出し、これを形あるものにできないのでは？ と行き詰まったとき、私のそばで力になってくれました。

訳者あとがき

本書は、John C. Lennox, *Can Science Explain Everything?*, (The Good Book Company, 2019) の全訳です。企画開始時点では、本書が著者最初の邦訳となるはずでしたが、二〇二〇年五月に『コロナウイルス禍の世界で、神はどこにいるのか』(いのちのことば社) が緊急翻訳出版されたため、本書は邦訳二作目となりました。原文ではわずか百三十ページほどの書籍ですが、科学とキリスト教の関係という視点からキリスト教弁証論のエッセンスが盛り込まれています。

弁証論と聞くと、神学校の科目のような学問的なものという印象を受けるかもしれませんが、本来の意味は、「あなたがたのうちにある希望について説明を求める人には、だれにでもいつでも弁明できる用意をしていなさい」(新約聖書・ペテロの手紙第一、三章一五節) という聖書のことばに要約されていると思います。ここで「弁明」と訳されている語は原語のギリシア語で「アポロギア」で、英語で弁証論を意味する「アポロジェティクス」の語源です。つまり、希望の根拠であるクリスチャン信仰と世界観を筋道立てて説明することです。

この半世紀、弁証論は特に欧米のキリスト教界で一つの大きな潮流となっています。その背景には、高度な発達を遂げる科学が大きな影響力を持つようになった結果、科学が明らかにできないことはなく、科学的根拠のないものは確かな知識ではないという考えや唯物的世界観が広まったことがあります。注目すべきことは、大学を中心にフォーラムが開催され、オープンな場で無神論者や懐疑論者とクリスチャン論者との討論が盛んに行われていることです。なぜならば、多元化する現代社会において、人々の世界観も一つではありません。異なる世界観を持つ人々の意見や疑問や批判に真摯に耳を傾けなければ自己満足に陥る危険性があるからです。レノックス博士はこれらの場に頻繁に招かれています。

私は、本書がクリスチャンでない方々にも読まれることを願っています。というのは、日本でも、知的理解のレベルでは科学が描く世界像が広く受け入れられていると思いますが、普段どれほど意識してその世界像を吟味しているでしょうか。また、クリスチャンの読者の方々にとっても本書は有益だと考えます。科学が提供する知識と聖書が啓示する真理は調和するというレノックス博士の議論は、私たちの信仰への確信を深めてくれると思います。

今日私たちの生活は科学の成果の上に成り立ち、多くの恩恵を受けています。また、気候変動、エネルギー問題、生命倫理など、科学を抜きに考えられない多くの問題に直面しています。

クリスチャンか否かにかかわらず、本書が、神と科学の関係について理解を深め、何を根拠にその世界観に依拠するのか自己吟味する機会となることを願っています。

翻訳にあたって、支援をいただいた方々に謝意を表したいと思います。まず、本書翻訳の機会をくださった、いのちのことば社の峯島平康さん、田崎学さん。私は、十五年以上前にレノックス博士の存在を知って以来私淑してきましたので、今回翻訳の機会に恵まれたことは大変な光栄です。著者のレノックス博士は、訳者の質問に丁寧に回答くださり、原文の意図を理解する大きな助けになりました。また、ドン・リギアー宣教師には、微妙な英語表現について解説していただきました。妻の智美は、絶えず祈りで支えてくれ、読者の視点から訳文に対する率直な意見を出してくれました。最後に、いのちのことば社出版部の米本円香さんには、原稿の編集、校正、引用文献の確認など、翻訳作業全般にわたって大変お世話になりました。

二〇二〇年十一月　東京・青梅にて

森島泰則

訳者

森島泰則（もりしま・やすのり）

慶應義塾大学文学部卒業、米国コロラド大学（ボウルダー校）大学院博士課程修了。Ph.D.（心理学）。専門は認知心理学、言語心理学。公立中学校英語教諭、在米日系企業研究員兼スタンフォード大学客員研究員、国際基督教大学（ICU）教授を経て、現在、同大学特任教授および山梨英和中学校・高等学校長。
著書に『なぜ外国語を身につけるのは難しいのか』（勁草書房）、訳書に『コロナウイルス禍の世界で、神はどこにいるのか』（いのちのことば社）などがある。

科学ですべて解明できるのか？
——「神と科学」論争を考える

2021年２月１日　発行
2024年６月１日　再刷

著　者　　ジョン・レノックス
訳　者　　森島泰則
印刷製本　日本ハイコム株式会社
発　行　　いのちのことば社
〒164-0001 東京都中野区中野2-1-5
電話　03-5341-6924（編集）
03-5341-6920（営業）
FAX　03-5341-6921
e-mail:support@wlpm.or.jp
http://www.wlpm.or.jp/

ISBN 978-4-264-04195-5